中国比较文学学会文学人类学研究会
CCLA-INSTITUTE OF LITERARY ANTHROPOLOGY

文学人类学研究

【2019年第一辑】

LITERARY ANTHROPOLOGY
STUDIES

徐新建　主编

李　菲　执行主编

谭　佳　梁　昭　副主编

社会科学文献出版社
SOCIAL SCIENCES ACADEMIC PRESS (CHINA)

编　委　会

编　辑　部

目录

前沿专题：数智时代的文学人类学

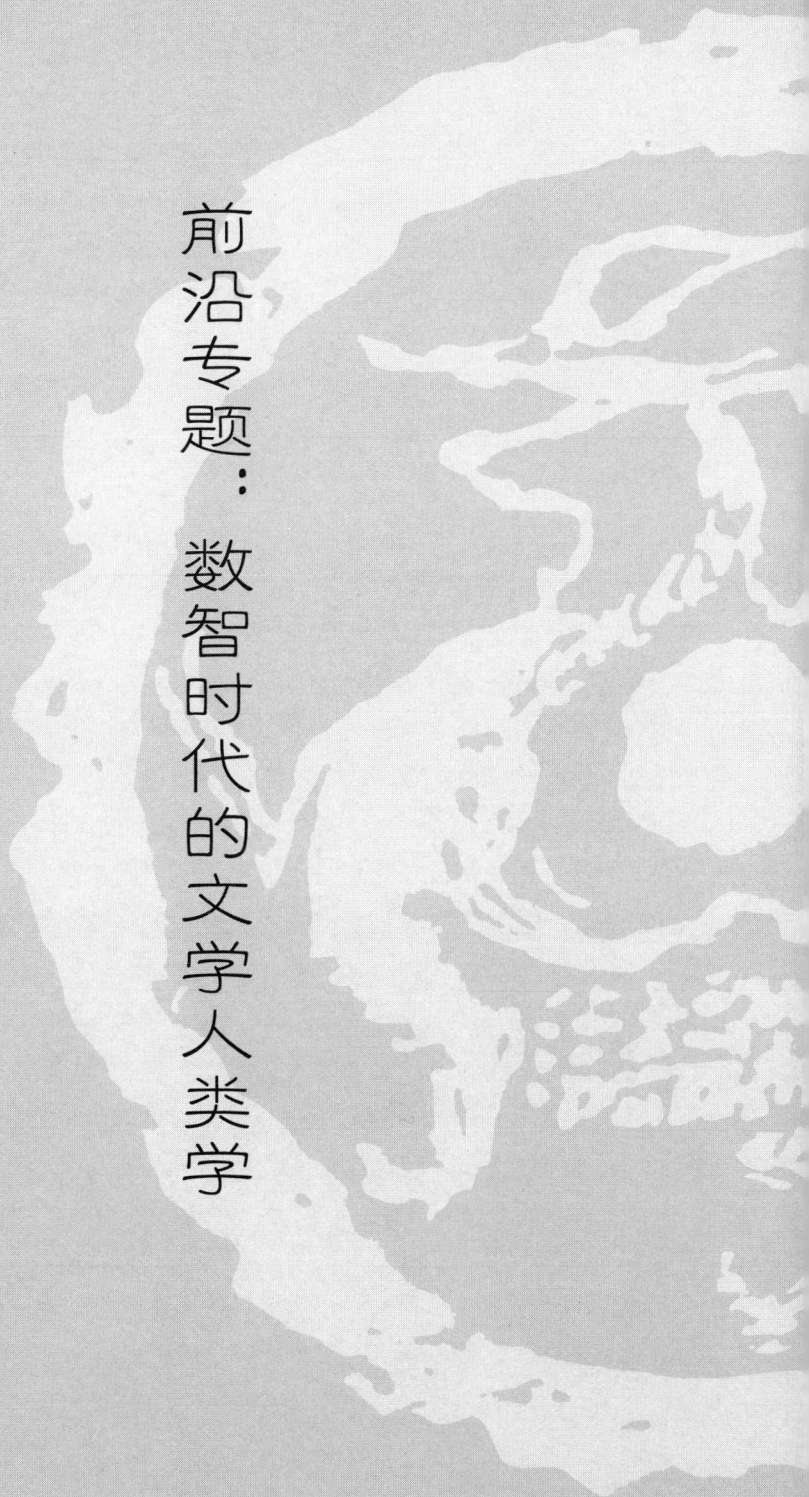

数智时代的文学幻想

——从文学人类学出发的观察思考

徐新建*

摘要： 幻想是文学的基本特征，也是人类物种的精神特长。从最早的神话、传奇到当代的魔幻小说、科幻电影，文学幻想在各地和各族群文化中缤纷展开，绵延不断。如今随着数智时代的来临，人类既有的幻想传统受到严峻挑战。在"人类世"的第4期，人工智能是否将取代智人写作？诗性与算法、人智与数智孰胜孰负？本届人类面临选择。

关键词： 数智时代　文学幻想　人类世　科幻写作

一

在学科史的演变路径上，人类学日益演化为两个并行维度：科学的和文学的。二者的对象都是人及其文化。前者从理性实证出发，后者以诗性灵悟进入，由此形成相互的分工与配合。① 在探索人类精神现象的过程中，正如科学人类学长期关注于"原始思维"及"超验信仰"一样，文学人类学持续地考察着各种类型的文学幻想，从原型的神幻传奇、现代的魔幻小说直到当下的科幻电影，可谓关注未断，追踪不已。

塔维坦·托多罗夫（Tzvetan Todorov）在《文学幻想导论》中指出：幻想存在于悬而未决之中。凯瑟琳·休姆认为，幻想是对生活常识的背

---

* 徐新建，电子科技大学"数字文化与传媒研究中心"特聘教授，教育部人文社科基地四川大学中国俗文化研究所研究员，文学人类学专业博士生导师。

① 徐新建：《一己之见：中国文学人类学的四十年和一百年》，《文学人类学研究》创刊号，社会科学文献出版社，2018，第22~29页。

离，而以背离方式的不同即可区分与之相应的文学体裁，如童话、科幻等。① 可见评论界人士也普遍关注文学与幻想的关联，但过于局限的是，有的仅把幻想视为文学类别的一种，将其单列出来称为"幻想文学"。笔者不这样看。从人类学的视角考察，文学就是幻想，幻想才是文学的特质所在。文学幻想使理性和诗性（灵性）形成对照，通过营造虚幻现实，区分真实的与真正的两种存在。

在人类漫长的幻想历程中，文学力图通过镜像方式照见的存在主要有三：（1）不确定存在的第二现实；（2）有可能消逝了的另类历史；（3）将可能出现的突变未来。若以"幻"为基点阐发，在广义的世界文学格局中，第一种可称之为"奇幻"（玄幻、魔幻）类型，关汉卿的《窦娥冤》、鲁迅的《狂人日记》、果戈里的《死魂灵》、卡夫卡的《变形记》及至 A. 卡彭铁尔的《这个世界的王国》与马尔克斯的《百年孤独》等皆可归入，数量繁多，风格不一。第二种为"史幻"，从司马迁的《五帝本纪》到罗贯中的《三国演义》直至电影《侏罗纪公园》《凯撒大帝》等都属此类——从更为宽泛的人类叙事看，达尔文的《物种起源》及赫拉利的《人类简史》也可列入其中。第三种逃离当下，眺望未来，可以"演幻"及"科幻"命名，在西方有各种"乌托邦"、"恶托邦"及"异托邦"系列，如《美丽新世界》、《1984》及电影《阿凡达》；中国自近代开始则有梁启超的《新中国未来记》、叶永烈的《小灵通漫游未来》，直至刘慈欣的《流浪地球》和《三体》。② 如今，可以说沿第三条路推进的"科幻"愈演愈烈，大有取其他而代之的趋势。

此外也有可称为混合型的，特点是将第二现实、另类历史及突变未来交织为一体，如《俄狄浦斯》《西游记》《格萨尔王》《城堡》《尤利西斯》等。

这就是说，文学以其塑造的虚幻世界同经验现实形成呼应，如同一幅图案的正、负两面，为人类提供相互映照的两种存在——现实存在与虚幻

---

① Tzvetan Todorov, *Introduction à la littérature fantastique*, Paris, Editions du Seuil, 1970. 参见任爱红《国外幻想文学研究综述》，《外国文学动态》2012 年第 2 期。

② 相关论述可参阅吴岩《中国科幻小说极简史》，新京报网，2019 年 2 月 17 日：http：//www.bjnews.com.cn/culture/2019/02/16/547538. html。

存在，从而使人以独特的文本方式存活于宇宙万物之中，由此区分另类，形塑自身。在此意义上，伊瑟尔（Wolfgang Iser）对"虚构"（fiction）的讨论触及了文学的幻象内核。他说"虚构是人类得以扩展自身的创造物"①。这是抓住要点了的，只是因其眼光朝向既有的过去与现存文本，故论断仍限于历史主义，缺少对时空维度的进一步打通。对于尚在演进和"成为"（becoming）中的人类而言，若要阐释当下及今后的文学与幻想，无疑还需关注难以预测的未来。就如今处境而言，这个未来无疑包括已扑面而来的"数智时代"。

二

时至 2016 年前后，谷歌公司研发的"阿尔法狗"（AlphaGo）战胜人类社会的围棋冠军及机器人"索菲亚"（Sophia）在沙特阿拉伯获得公民身份等现象接连涌现之后，世界各地的人们开始惊呼地球进入了前所未有的新时代。② 对此，有的以"大数据"为之冠名，有的用"人工智能"（AI）凸显其特征，也有的将其叫作"后人类时代"。③《未来简史》作者干脆建议以"智神"名之。④ 时代划分涉及对人类处境的自我定位。若以"人类世"第 4 期这样的尺度观察，思考和命名则会很不一样。⑤ 为了突出与以人类智慧为核心的时代对比，从以数字化技术为基础、通过人工智能与互联网结合产生巨大影响来考虑，笔者认为叫"数智时代"更好。当然，若是要强调数字化特征及其带来的能量转变，亦可称为"数字时代"或"数能时代"。一如书写曾经标志着对口语的僭越，数字时代凸显出对文字时代的升级和游离。数能的出现，则意味着人类

---

① 〔德〕沃尔夫冈·伊瑟尔：《走向文学人类学》，〔美〕拉尔夫·科恩主编《文学理论的未来》，程锡麟等译，中国社会科学出版社，1993，第 275~300 页。
② 《地球公民迎来新"物种"——人类能否控制人工智能?》，中新网（2017 年 11 月 3 日），http：//www.chinanews.com/gj/2017/11 – 03/8367235.shtml.
③ 〔意〕罗西·布拉伊多蒂：《后人类》，宋根成译，河南大学出版社，2016。
④ 〔以〕尤瓦尔·赫拉利：《未来简史：从智人到智神》，林俊宏译，中信出版集团，2017。
⑤ 笔者赞同以地质演化为尺度的"人类世"划分，提出关注地球史中的人类学，认为以此划分为参照，人类进入了以人工智能为标志的第四期。参见徐新建《人类世：地球史中的人类学》，《青海社会科学》2018 年第 6 期。

社会的驱动力更新。

与以往风能、火能、水能及石化能等相似，数能也是一种能量和能源。不同的是，数能以人类智能（human intelligence）为前提，演化成了以电脑计算和网络连接为基础的"数据智能"。若可将人类智能简称为"人智"的话，作为其升级版的数能亦可称为"数智"，它们的特征都在于以智为能，即呈现能量，转为能源。译成英文，数能与数智不妨叫作 data power 或 digital intelligence。对此，笔者已做过初步阐述，① 此处再根据本文论题需要对数能与智能的区分稍作延伸。

依照科学的进化论说法，数万年前，当智能（intelligence）由自然界进化出来并降临在灵长类最高级物种身上之后，地球的生物圈发生了根本改变——人类出现了。被称为人类的物种与其近亲猿、猴类们逐渐脱离的标志就在于智能的降临和使用，从而获得与众不同的全新称谓："智人"（Homo sapiens）。不过无论其诞生的历程如何神奇，引发的冲击有多大，在物种进化意义上，人类智能仍保持与生态圈的固有关联，具有生物属性，因而仍可归入自然类型当中，堪称"自然智能"（natural intelligence）。相比之下，数能属于人造类型，被称为"人工智能"（artificial intelligence），因为是人类智能的派生物，故而还可被看作智能的智能，即 intelligence of intelligence（I-I）。

若以智能作为人类物种基本特征来观察的话，以往的文学幻想都可视为人智产品，堪称以人为起点和归宿的自我写照，属于"人类世"的衍生品。由此观照，除了超乎经验的"启示录"等外，迄今为止的文学几乎都是人与人的自我对话。其表述、接受以及阐释的主体都是人类自身，体现的价值核心为人文主义或人类中心主义。可以说在漫长的智能时代，人类文学及其幻想的初衷恰如希腊神话借半人半兽的"斯芬克斯"所隐喻的那样：认识人自己。

然而，一旦进入数智时代，人类文学的基本属性或许将发生重大变化。伴随数智产物的日益强盛，不断涌现的新局面和新问题将迫使文学改

---

① 徐新建：《人文及其参照物——"数能革命"的新挑战》，《跨文化对话》2019年总第31期。

观。人类不得不面对的难题是：以往习以为常的文学想象是否将转向人工智能（AI）、虚拟现实（VR），也就是转向"后人类"叙事？抑或任由数智取代人智，使一切想象都被数据和算法湮灭？本届人类，抑或地球——人类物种目前所栖居的星球——将告别人智时代，从而目睹（或推动）既有的文学幻想就此终结？

人类面临选择。

三

事实上，挑战已在眼前，选择亦在形成。其中的显示之一就是堪称与"数据主义"并置的科幻勃兴。

即便只从凡尔纳的《海底两万里》及阿西莫夫的《银河帝国》等作品问世算起，科幻写作也称得上人类文学的老资格成员了，但其与数能时代的关联及回应，则主要体现在对人类中心主义的突破和叛离。

到了 21 世纪，随着文学幻想向影视领域的扩展及表现技术的日益更新，以科幻方式呈现的"新人类"乃至"后人类"幻想几乎占领了全球的荧屏场域。

在以机器人和克隆人等为前提、外太空和外星人为参照的坐标变异上，2009 年上映的电影《阿凡达》（*Avatar*）称得上重要转折。《阿凡达》剧本创作于 1994 年，叙述的故事发生于一个多世纪后的 2154 年，场域连接着地球与外星，主角则包括了人类与另类——"纳美族"（Na'vi）。作品展现的幻想存在将现实和未来连为一体，将地球退缩为浩渺宇宙的一隅，继而把人类刻画为傲慢自负的物种，在毁灭地球后的逃亡路上入侵外星体，先进攻、杀戮而后遭反抗、被逐出。影片的焦点在于通过幻想，揭示人类的另一面本质及其与星际物体的或然联系。[①]

相比之下，如果说萌生于 20 世纪 90 年代的《阿凡达》剧本还停留在将人类与其他生命物种做对比，从而揭示人类内部（某些族群）的本质缺

[①] 相关评论可参见范若恩等《反思还是反讽？——后殖民与生态主义视野中的〈阿凡达〉主题变奏》，《北京电影学院学报》2010 年第 3 期；王倩菁《叛逆还是回归——电影〈阿凡达〉的文化人类学解读》，《重庆文理学院学报》2010 年第 6 期。

陷（如殖民主义）的话，那么 2005 年上映的《逃出克隆岛》（*The Island*，汉译也叫《神秘岛》及《谎岛叛变》）则把叙事权移交给克隆物种，让人的制造物成为主体，由他们出场讲述自身故事，由此揭示作为他者的人类劣根性。① 在这个意义上，影片中男女主人公"林肯·6E"（伊万·迈克格雷戈饰）以及"乔丹·2D"（斯嘉丽·约翰森饰）在人造孤岛——被严密控管的高科技大楼的逃离，意味着对人类霸权的否定。一如有评论指出的那样，影片通过主体转移后的克隆叙事，提出了"后人类社会的难题"②。

凯瑟琳·海勒（N. Katherine Hayles）在《我们何以成为后人类》一书的"人工生命的叙事"专节里强调，"后人类社会"的突出标志是与人类相异的另类"生命物"（the living）的诞生，即以生物技术及计算机科学为基础的人工生命登场。人工生命的降临有三种基本方式：（1）湿件（wetware）；（2）硬件（hardware）；（3）软件（software）。"湿件"通过试管培育、转基因等方法产生人造生物，③"硬件"催生机器人及其他具形化的生命形态，"软件"则创造可以实现新兴的或者进化论过程的计算机程序。④ 照此划分，《逃离克隆岛》的男女主角属于"湿件"类型。而到了奥斯卡获奖影片《机械姬》里，女主角艾娃（Ava，艾丽西卡·维坎德饰）则换成了"硬件"——人工智能机器人。《机械姬》的片名叫 *Ex Machina*，

① 科幻影片 *The Island* 由迈克尔·贝执导，2005 年由美国华纳兄弟公司拍摄。大陆于 2009 年引进播映［新出像进字（2009）287 号］。

② 黄鸣奋：《电影创意中的克隆人——从科研禁区到科幻热门》，《探索与争鸣》2017 年第 7 期，第 129～136 页。

③ 对于 2018 年出现的"基因编辑"婴儿是否也应归为"湿件"类的人工生命，依照现有标准尚难界定。由其引发的生命与伦理论争已有不少，笔者参与的便有北京大学世界伦理中心、中国人民大学法律与全球化研究中心及电子科技大学数字文化与传媒研究中心联合主办的"捍卫生活世界：技术进步的伦理法律边界研讨会"。笔者在会上发表的看法是，生命的边界已被突破，需要思考的问题在于，生命边界的捍卫或改造究竟是"天赋人权"还是"权利僭越"。相关报道可参见《"捍卫生活世界：技术进步的伦理与法律边界"学术研讨会在人民大学成功举办》，2018 年 12 月 28 日：https://mp.weixin.qq.com/s? src = 11&timestamp = 1552117723&ver = 1473&signature = IGT1YU1mEY11Qd98aExAT2dEiyfnpgIn9CKj HzzmrEhLaumgc27Tq * igivQoRWS4g1Zc6XGdKF8UY36PXnig2jeu0os0S7XbcUZkaEz5yRlTB2i2yca Z0OYHx66tY3bm&new = 1.

④ 〔美〕凯瑟琳·海勒：《我们何以成为后人类——文学、信息科学和控制论中的虚拟身体》，刘宇清译，北京大学出版社，2017，第 298～331 页。

源自拉丁语 Deus Ex – Machina。Deus 指神，连起来的意思是 A god from machine，即"机械神"。在影片结局，艾娃消灭了她的人类制造者，从被生产、被隔离的"车间"走向世间。这是否暗示诸神在数智时代的复活呢？如果是，即意味着以文学幻想的方式先验了赫拉利的预言：未来世界将被"智神"（Homo Deus）主宰。[①]

回到文学人类学视角。在凯瑟琳看来，"自由人本主义"（其实是人类主义）受到了重创，从科幻到现实的后人类景象不仅在科学的知识论层面挑战了既有的人类定义，而且可能在"更令人困扰的文学意义上"，预示着"智能机器取代人类成为这个星球上最重要的生命形式"。面对此景，人类该如何是好？通过对众多论者观点的引述，凯瑟琳描绘的情形是：

> 人类要么乖乖地进入那个美好的夜晚，加入恐龙的队伍，成为曾经统治地球但是现在已经被淘汰的物种。要么自己变成机器再坚持一阵子……[②]

这一天尚未到来。值得注意的是，在《逃离克隆岛》制作过程中，导演迈克尔·贝（Michael Bay）有意将故事背景前移至离摄制时间不过 20 多年后的 2019 年，意在使故事展现的未来幻象"更加骇人，而且更容易接受"。[③] 而待现实的 2019 年来临之际，在中外交接的文学幻想世界，接替克隆物种造成同样效果的却是由刘慈欣小说改编并被誉为开启"中国科幻电影元年"的《流浪地球》。[④]

从人物叙事角度看，改编成电影的《流浪地球》带有明显的国族主义

---

① 参见〔以〕尤瓦尔·赫拉利《未来简史：从智人到智神》，林俊宏译，中信出版集团，2017。赫拉利原著的英文名是 *Homo Deus: A Brief History of Tomorrow*，其中 Homo Deus 系将"人类"与"神"两词巧妙组合而成，为作者所造。它的含义既可理解为"人神"亦可理解为"神人"，但意思相差很大。林俊宏的译本采用的"智神"亦有长处，不但在字面上与"智人"呼应对称，而且改用"从……到……"的句式，强调了二者的演化进程。

② 〔美〕凯瑟琳·海勒：《我们何以成为后人类——文学、信息科学和控制论中的虚拟身体》"结论：变成后人类，意味着什么？"，刘宇清译，北京大学出版社，2017，第 382 页。

③ 参见《迈克尔·贝访谈录》，http：//collider.com/michael – bay – interview – transformers/。

④ 刘裘蒂：《西方影评怎么看〈流浪地球〉？》，英国《金融时报》中文网，2019 年 2 月 19 日，http：//www.ftchinese.com/story/001081480？Archive。

痕迹，以至于影片展示的与其说是"流浪地球"不如说是"流浪中国"：从头至尾，镜头几乎始终以中国为中心，其中反复展现的不是北京、上海就是杭州、石家庄，其他出现或提到的地点——无论是赤道还是贝加尔湖——差不多都是中国的陪衬。① 但总体而论，该片最大的亮点仍可归结为对"人类主义"（或"地球主义"）的集结与强化，亦即以地球为故园（超级飞船），揭示人类成员在同一空间里的命运共同性。在这样的幻想刻画中，人类生存与展望的场域发生了深远巨变：由城乡、族际和国际扩展至地球与太阳、地球与木星乃至以光年计算的星际空间。值得注意的是，在与数智时代相关联的意义上，影片添加了人类与机器人"Moss"——"软件"类人工生命——在空间站的合作与抗争，甚至让主人公刘培强（吴京饰）不惜在愤怒中将后者毁掉。②

对此，《纽约日报》以"中国电影业终于加入太空竞赛"为题评论说：中国是太空探索的后来者，也是科幻小说电影业的后来者。这种情况即将改变，因为《流浪地球》已昭示出"中国电影制作的新时代"。③

回到文字。银幕和视频通过二维画面制造文学幻想，让观者在短暂时间投射到虚拟的世界之中，在导演拍摄出来的影像里延伸并重叠物理、生理与心理的自身存在。不过虽然都可称为文学幻象制作者，但作家、编剧与导演的手法及效果各有不同。如果说以视觉冲击见长的影视画面能较直观地制造文学之"幻"的话，靠文字发力的叙事则更能激起读者之"想"。也就是说，由于文字的叙事更为抽象，尽管在直观的视觉效果方面稍显不足但在营造幻想的意义上却更为开放自由。

于是，稍加比较即可发现，由于幻想方式及剧情删改等原因，由郭帆执导的同题影片与刘慈欣撰写的小说，虽然都叫《流浪地球》，二者呈现

---

① 相比之下，小说原著要显得更"国际主义"或人类整体一些。其中不仅主人公与名叫加代子的日本女孩一同参加奥运会驾驶机动冰橇到达纽约，在那里结为夫妻，观赏到自由女神像镀上的金辉；到后来连儿子娶的媳妇也是金发碧眼的"外国人"……参见刘慈欣《流浪地球》，《科幻世界》2000年第7期。

② 有意思的是，编创者在展现这段情节时，让机器人Moss——超计算机（软件程序）道出了对于"智人"的失望，称"让人类永远保持理智，果然是奢望"。

③ Steven Lee Myers, China's Film Industry Finally Joins the Space Race, *The New York Times*, 2019 - 2 - 4.

的未来场景却差异甚大，以至于视为两部全然不同的作品也无不可。

在小说开篇，未来人类的时空与现实就被作了区隔。作者写道："我们把那以前人类的历史都叫作前太阳时代。"接着感慨说："那真是个让人神往的黄金时代啊！"① 在此，"以前的人类"可理解为往届人类（就是作者身处其中的本届人类）。对于流浪地球时代的人类而言，彼此间的最大区别是太阳的灾变及其在人类心中由憧憬到恐惧的转型；而一句"让人神往"的感叹流露出本届作家替彼时人类做出的惋惜。其间传递的情感与其说是未来真实，不如说是当今反照。

这部 2000 年在成都《科幻世界》发表的小说，凸显的幻想主题是：太阳毁灭，人类逃亡。对于结局难测的未来命运，作者借一位中国教师之口发出了另一种慨叹："人类将自豪地去死，因为我们尽了最大的努力！"接下来，影片制造的未来镜像是太阳的死亡："在太阳的位置上出现了一个暗红色球体，它的体积慢慢膨胀，最后从这里看它，已达到了在地球轨道上看到的太阳……水星、火星和金星这三颗地球的伙伴行星这时已在上亿度的辐射中化为一缕轻烟。"最终：

50 亿年的壮丽生涯已成为飘逝的梦幻，太阳死了。②

这时，刘慈欣埋下了新的叙事伏笔，也就是预告了将在下一套三部曲作品中浮现的文学幻想。在小说《流浪地球》的结尾，作者向读者勾画出一个值得期待的远景："半人马座三颗金色的太阳在地平线上依次升起，万物沐浴在它温暖的光芒中……"③

将成为人类福星的新太阳就是"三体"。不料从 2006 年起陆续发表之后，《三体》中的福星却变成了灾星，原本被许诺厚望的三颗金色太阳非但没化解人类险境，反倒引发出更大灾难……

---

① 刘慈欣：《流浪地球》，《科幻世界》2000 年第 7 期。
② 刘慈欣：《流浪地球》，《科幻世界》2000 年第 7 期。
③ 刘慈欣：《流浪地球》，《科幻世界》2000 年第 7 期。

四

2019年春节期间，笔者搭乘国际航班由成都出行。飞机穿越非洲，在万米高空沿赤道飞行，下面没有令人惊恐的地球发动机，接近乞力马扎罗山附近时，眼前浮现的是作家海明威的《太阳照常升起》（*The Sun Also Rises*）……

视线回到机舱。无意间，见到前排一位白人女性正专心地捧读一本封面眼熟的厚书。仔细辨识后确认是刘慈欣小说《三体》的英译本（*The Three-body Problem*）。恍然间，眼前不但闪出才读过不久的小说场景，而且自身仿佛一下就已亲临至那本是由文本构成的星际之中。

在《三体》的描写里——

> 由于来自外太空的"三体"威胁，地球在大约两百年后分裂成了三个世界。在其中的"星舰世界"，由冬眠领袖、中国人章北海指挥的"自然选择"号在逃亡过程中因切断了与"地球世界"的精神纽带发生人的根本异化，蜕变成了地球人眼中邪恶黑暗的"负文明"。①

这是刘慈欣以"黑暗森林"做比喻，为读者勾勒的星际大变局。变局的结尾是本届人类的整体消亡——被降级成二维存在漂流于茫茫的宇宙黑暗中。至此，尽管姗姗来迟，可以说当代中国的文学幻想已通过科幻写作迈入了后人类场景。

若以人类学意义上的世界文学观照，这是值得关注的新起点。在这个意义上笔者赞同王德威的评价，即认为《三体》的努力已"超越了简单的、现世的对中国的关怀"。②

对于中国科幻的晚到和赶超，前《科幻世界》主编、作家阿来的阐释值得注意。他以《重建文学的幻想传统》为题指出，以科幻为例，当代中

---

① 参阅刘慈欣《三体Ⅱ·黑暗深林》，重庆出版社，2008。
② 王德威：《乌托邦，恶托邦，异托邦——从鲁迅到刘慈欣》，收入王德威著《现当代文学新论：义理、文理、地理》（附录二），三联书店，2014，第277~300页。

国的文学之所以后进，不是由于想象力缺乏，而是因筑得太高的"现实主义堤坝"隔断了古已有之的幻想长河。面对"文学之河上束缚自由想象的堤坝"，阿来呼吁引进有活力的水流予以冲决。他说：

> 中国文学幻想传统的重建，除了纵向的接续，还有大量的横向的比较，只有站在与世界对话的意义上，这种重建才是一种真正的重建。①

这样的呼吁不久就产生了效应。2018 年 11 月，"克拉克想象力社会服务奖"（Clarke Award for Imagination in Service to Society）授予刘慈欣，奖励他在科幻想象上做出的杰出贡献。刘慈欣在答辞中先向科幻前辈阿瑟·克拉克（Arthur Clarke）表达敬意，而后阐发了对想象力的看法及自己的科幻文学观。在他看来，"想象力是人类所拥有的一种似乎只应属于神的能力，它存在的意义也远超出我们的想象"。作为作家，我们"只有让想象力前进到更为遥远的时间和空间中去寻找科幻的神奇"②。

阿来及刘慈欣等的这番言说，可视为数智时代科幻文学的中式宣言。

几乎与此同时，2018 年冬季，年度诺贝尔文学奖（新学院奖）颁给了加勒比地区的黑人女作家玛丽斯·孔戴（Maryse Condé），以表彰其在历史小说，也即"史幻"写作上的杰出成就，尤其是发表于 20 世纪 80 年代的《塞古》（Segu）及《黑人女巫蒂图芭》。③ 早在获奖之前，玛丽斯就提到过人类的全球性逃离，不过不是像《流浪地球》描绘的那样，作为整体向外星际出逃，而是由于现实的社会原因分种族与阶层的地域性出走和移民。对于全球黑人种群而言，这些原因主要有三：（1）为了逃避独裁统治和灭绝种族的大屠杀；（2）为了逃避贫困和苦难；（3）为了逃避宗教狂热。④

此后，在《流浪地球》上演不久，第 91 届奥斯卡公布的获奖名单里，

---

① 阿来：《重建文学的幻想传统：少年安德系列科幻小说序》，参见〔美〕奥森·斯科特·卡德《安德的游戏》，李毅译，万卷图书出版公司，2010 年 8 月。
② 参见《刘慈欣获克拉克奖致辞》，未来事务管理局网页，2018 年 11 月 9 日，https：// mp. weixin. qq. com/s/rZRD－lIPv2lvEP2R2xNCdw。
③ Maryse Condé 也被译为玛利兹·宫黛。她的作品在 20 世纪 90 年代便有了中译本，参见《塞古家族》，州长治译，世界知识出版社，1992。
④ 〔法属瓜德罗普〕玛丽斯·孔戴：《全球化和大移居》，欣慰译，《第欧根尼》2000 年第 2 期，第 73～80 页。

最佳影片及最佳剧本原创大奖皆被取材于真实故事并且同样表现有色人种的《绿皮书》（*Green Book*）夺得。该片被赞颂的内容是钢琴家与保镖之间冲破种族隔离与阶层差异的友情。以文学人类学视角观察，所谓"取材于真实"的表述以及艺术实施，其实就是文学幻想的体现，也就是将现实存在朝文学幻象移植。通过镜像手段，将真实的换成真正的，把历史的第二现实揭示出来，让观众在心理上重建走出影院后或许促进现实改变的镜像存在。

对此，有评论认为，本届奥斯卡的获奖影片展现出了创作上的某种自觉，即"在叙事上从二元对立转向了复杂化的、暧昧化的认知"，由此将解决现实社会冲突的最终方案——通过银幕式的文学幻想，指向"跨文化、跨种族和跨阶层的融合与认同"。①

可见，从文学人类学视角出发，迎着正在到来的数智时代，本届人类似乎依然循着文学幻想的诸多道路演进着。在魔幻、史幻与科幻等各路之间，见不出孰优孰劣，倒是各显风采，交映生辉。至于未来如何，既取决于人智与数智的竞争，亦有待文学幻想的融入参与。不过也需看到，即便将文学幻想与数智时代关联起来，结局依然不容乐观。借助王德威的观点来看，问题已深藏于人类幻想的内在局限，即无论如何最终都将引向"没有结果的想象"，因为以人类有限能力来想象超越人的境界，"或好或坏，都是艰难的"。②

21世纪之初，弗朗西斯·福山（Francis Fukuyama）描绘了消极的未来场景，强调后人类未来的特征，在于"我们已经不再清楚什么是人类"。到那时，

> 它也许是一个处于中位数的人也能活到他/她的200岁的世界，静坐在护士之家渴望死去而不得。或者它也可能是一个《美丽新世界》所设想的软性的专制世界，每个人都健康愉悦地生活，但完全忘记了希望、恐惧与挣扎的意义。③

---

① 参见李凡《2019奥斯卡：跨文化、跨种族和跨阶层的融合与认同》，《中国艺术报》2019年3月1日，第4版。

② 王德威：《乌托邦，恶托邦，异托邦——从鲁迅到刘慈欣》，《现当代文学新论：义理、文理、地理》（附录二），生活·读书·新知三联书店，2014，第277～300页。

③ 〔美〕弗朗西斯·福山：《我们的后人类未来：生物技术革命的后果》，黄立志译，广西师范大学出版社，2017。

　　米歇尔·福柯的看法更彻底。在话语呈现意义上，他说"人是近期的发明，并且正接近其终点……人将被抹去，如同大海边沙地上的一张脸"[1]。

　　这是学者的历史与政治想象，但离文学和科幻一点也不远。

---

[1] 〔法〕米歇尔·福柯：《词与物：人文科学考古学》，莫伟民译，上海三联书店，2001。

从仿真到虚拟：智能化时代的情感与道德

黄　悦*

摘要： 自19世纪以来，文学作品中对智能主体的想象更新迭代，虽然有各种新技术、新场景的嵌入，其立场始终在启蒙主义和古典浪漫主义之间徘徊，主流叙事还是基于人文主义的情感内核与道德本位，所有的智能主体都被想象为对人的模仿。从《神经漫游者》和《三体》这两部划时代的科幻作品中可以看出，当代文学想象在智能化技术的基础上探索着人类自身的"升级"与"强化"。如果说"仿真"代表了机械复制时代的技术取向，没有超出古典艺术的理念，那么智能时代所带来的"虚拟性"正成为文学乃至所有人文学科共同面对的重要命题。虚拟性不仅带来了全新的创作主体和题材，打破了经典文学与科幻文学之间的界限，更对人文主义的价值内核造成了冲击。在"虚拟性"的语境中文学作品重新界定了"身体""记忆""身份"等传统文学母题，新边界、新秩序、新规则都成为可能，人类的道德与情感等基本命题也受到挑战。在文学批评领域，大数据和算法的发展颠覆了创作者的独特地位，也对以往基于审美感受与代际传承的"伟大传统"形成威胁，文学创作的基本过程与核心命题、文学批评的标准与价值指向都在发生变化。

关键词： 人工智能　虚拟性　人文主义　赛博格　文学人类学

一　从机械复制到智能化

"过去二十年里，无论事物还是空间还是时间都已不是那种从无法追

项目基金：本文受北京语言大学梧桐创新平台项目资助（中央高校基本科研业务费专项资金）(16PT08)。

* 黄悦，北京语言大学人文学院汉语言文学系副教授，硕士生导师，研究方向为文学人类学。

忆的时代流传下来的东西了。我们必然会迎接一场伟大的创新，它将改变整个的艺术技巧，并因此影响到艺术自身的创造发明，甚至带来我们艺术概念的惊人转变。"① 保罗·瓦雷里《艺术片段》中的这段话被本雅明完整引述，放在《机械复制时代的艺术品》之前，用以表达 20 世纪初批评家共同感受到的冲击。这种冲击来自工业化浪潮和新技术的广泛使用，在敏感的批评家眼里，机械复制的技术影响所及不止于生活方式、经济运行，还有经典的地位、精英的身份，乃至社会政治权力的结构，由此当然会对艺术本体及其评价标准产生深刻影响。在当时，本雅明讨论的重点聚焦于照相术、印刷术和有声电影，这些技术的共同特性是集中在艺术生产和传播手段的领域，"仿真"是这些技术的共同指向。本雅明要讨论的重点是可以无限复制、广泛传播的艺术生产方式与政治权力之间的关系及其后果。从人文主义传统的眼光来看，技术被描绘为一种异己的力量，是精英、人文乃至人性的对立面。在利奥塔的描述中，技术和资本主义的合谋组成了将人非人化的巨大力量，"走向前面的机器后面拖着人性尾巴，为的是将人性非人化"②。这种借助于智能化技术实现的"非人化"溢出了马尔库塞等人对工业社会的批判，触及了人类主体性的问题。根据凯瑟琳·海勒的定义："虚拟性是物质对象被信息模式贯穿的一种文化感知。"③ 如果说"仿真"代表了机械复制时代的技术核心，那么虚拟性正成为文学乃至所有人文学科共同面对的重要命题。

在本雅明的时代无法想象的是，仅仅三十多年后，人文与技术开始了更深层次的融合。1956 年在美国达特茅斯学院召开的一次会议④揭开了智能化的篇章，而这一变化预示着技术对艺术主体更深层次的冲击。在长达两个月的时间里，科学家们讨论的问题包括如何为计算机编程使其能够使用语言、神经网络、计算规模理论、自我改造、抽象、随机性与创造性。

---

① 〔法〕保罗·瓦雷里：《艺术片段》，汉娜·阿伦特编《启迪：本雅明文选》，张旭东等译，生活·读书·新知三联书店，2008，第 231 页。
② Jean - Francois Lyotard, *The Postmodern Condition*, University of Minnesota Press, 1984, p. 63.
③ 〔美〕凯瑟琳·海勒：《我们何以成为后人类：文学、信息科学和控制论中的虚拟身体》，刘宇清译，北京大学出版社，2017，第 18 页。
④ 在这次会议上人工智能（Artificial Intelligence /AI）的理念被正式提出，被视为人工智能思想的起点，通常被称为达特茅斯会议。

这些话题看似抽象，但是描绘出了计算机深度学习和人工智能的雏形。人工智能的奇点①是否存在、何时到来等问题至今仍争议不断，其中不乏悲观的判断，给人类的未来蒙上了阴影。这些令计算机和语言学专家兴味盎然的问题，在20世纪50年代看来或许与文学相去甚远，最多可以构成科幻文学的素材，而科幻文学在经典文学的殿堂中从偏安一隅到日渐主流还不过是近几十年才发生的事情。经典文学对科幻文学的重视或许正是这个时代潮流的写照，特别是20世纪80年代以来，杰克·伦敦、威廉·戈尔丁、库尔特·冯古内特、多丽丝·莱辛、玛格丽特·阿特伍德、村上春树等知名作家纷纷加入了科幻创作的行列，而艾萨克·阿西莫夫、阿瑟·克拉克、罗伯特·海因莱因、雷·布拉德伯里、布莱恩·奥尔迪斯、J. G. 巴德拉、威廉·吉布森等纯科幻作家，现在也越来越被主流文学批评界所认可。② 这种经典文学与科幻文学的双向靠拢代表了文学观念的融合，也印证着观念的变化，曾经只被少数科幻作家关心的未来虚拟世界，已经开始侵入现实，挑战着人类社会的各个方面。

二　科幻文学中的智能主体

在科技一路高歌猛进迈向强人工智能的途中，幻想文学一直相伴相随，但其内在的价值观已经悄然变化。退回到200年前，即便对于技术的最前沿的想象也是基于人文主义立场的。被视为现代科幻小说起点的《弗兰肯斯坦》就是这种人本主义立场的缩影，"人造人"因科学理想而生，因试图具有"智能"而失控，最终成为人类的对立面，变成野心和邪恶的代名词。这个夹杂着启蒙与浪漫主义双重视角的小说在当时显得非常超前，身处浪漫主义文学浪潮中心地带的玛丽·雪莱创造这部小说的出发点是想要"讲一个可怕的故事"，在精心营造的恐怖氛围中，"弗兰肯斯坦"是作为一个"非人"

---

① 奇点（singularity）本来是天体物理学术语，是指"时空中的一个普通物理规则不适用的点"，由于已有理论在该处失效，所以不能描述在奇点处会发生什么。库兹韦尔（Ray Kurzweil）借以描述人类与其他物种（物体）相互融合的临界点，届时，人类（身体、头脑、文明）将发生彻底且不可逆转的改变，从而实现人工智能发展质的飞跃。根据他的计算，纯粹的人类文明将在2045年终结。

② 展开论述见吴岩《科幻作品·前言》，译林出版社，2017，第3页。

而被排斥，他丑陋而怪异的长相、凶狠的行事方式不仅带着传奇鬼怪故事的烙印，还露出浪漫主义的小尾巴。在这个故事中，人类社会对弗兰肯斯坦的排斥还是源自人类自我中心主义的自恋情结和道德优越感。有趣的是，正如小说中人物预言，未来的人们会记住"弗兰肯斯坦"的名字，却忘记他的创造者，后来很多读者误将"弗兰肯斯坦"这个名字当成了怪物的名字，而忽视了那个年少轻狂的疯子科学家。这是因为这个丑陋的"人造人"在原作中并没有获得过属于自己的名字，它被称为"creature""monster""demon""wretch""abortion""it"，却从来没有被以人性化的代词指称。这个完全不具备主体性的人造物随着作品的流传几乎褫夺了创造者之名，这或许就是浪漫主义思潮中人类与人工智能关系的一种诡异隐喻。

《弗兰肯斯坦》一书的副标题是《当代普罗米修斯》，其中暗含着一个更为宏大的命题，即人究竟能不能利用理性、科学打破"自然"法则而获得崇高与自由，这种所谓的"创造"会带来什么样的后果。这也是古希腊时代以来一直困扰着人类的问题，无论是启蒙主义的务实方案还是浪漫主义的狂野想象都没有脱离笛卡尔式的身心二元论框架。其中比较有代表性的是歌德的《浮士德》中的描述。书斋派学者瓦格纳研制出"人造人"荷蒙库鲁斯之后不无狂妄地声称："人们连声称叹大自然的奥秘，我们却敢于理智地加以试行；大自然一向使之成为有机体，我们却使它们结晶。"[1]歌德让这个"结晶"——荷蒙库鲁斯主动跟随梅菲斯特前往古典世界，跟随两位古希腊哲学家一路求教，声称"我到处飘飘荡荡，很想活得最有意义"[2]。瓦格纳炼金术士的"理性"和"技术"赋予了荷蒙库鲁斯以生命的形式，但他却前往古典时代寻找"意义"，显然具有启蒙主义的气质。然而，在古希腊哲学家泰勒斯的眼里"他来求教，只希望长得齐全。我听说他很古怪，只诞生了一半：精神特性他倒不缺什么，在实体功能方面却差得很远。至今他只有靠玻璃才获得重量；可肉体化才是他的首要愿望"[3]。身体与精神、物质与意义的困境是荷蒙库鲁斯的难题，也映照出人文主义和启蒙主义思想的胶着。这个技术的结晶从它的创造者那里遗传了

---

[1] 〔德〕歌德：《浮士德》，绿原译，人民文学出版社，1994，第246页。
[2] 〔德〕歌德：《浮士德》，绿原译，人民文学出版社，1994，第271页。
[3] 〔德〕歌德：《浮士德》，绿原译，人民文学出版社，1994，第282页。

先天不足的烙印，在人文主义者看来，他是可疑的"非人"，而在启蒙主义者的眼里，他又缺乏实在的本体和终极的意义，所以最终也无法通往完满的生命形式。以荷蒙库鲁斯和弗兰肯斯坦为代表的这一代"人造人"，孕育自人文主义的胚胎，始终没有摆脱理性的"原罪"，在他们的"主人"背离了"自然"规律，僭越了原本由上帝独享的创造权力之后，只剩下疯狂和毁灭一条出路。顺着这条道路，20世纪以来"科学怪人""疯狂博士"一类形象的出现，大都强调科技背后的道德要素，其本质还是对人类中心主义的想象和对人文主义"伦理道德"要素的强化。

在早期科幻文学中，人本主义主宰世界，人造人或者人工智能被顺理成章地视为非人，无论他们拥有怎样的智慧也无法动摇创造者的中心地位，体现的是人类中心主义的延伸。当代科幻则通过视角的转变实现了价值观的升级。在这一点上，文学的创作者，特别是科幻类文学的创作者，似乎与后现代思想家实现了会师。如果说早期的科幻还在讨论智能化时代的"道德"与"反道德"、"英雄"与"反英雄"的讨论，刘慈欣的"三体"系列小说则将这个讨论推进到了"非道德"的领域，在更新过的宇宙进化论视角和量子级的计算能力面前，统治人类社会数千年的"道德感"成了人类这个物种的肚脐，显得软弱、可笑又无用。在《三体》后记中刘慈欣说道："我认为零道德的宇宙文明完全可能存在，有道德的人类文明如何在这样一个宇宙中生存？"[1] 正是沿着这样的问题意识，在《三体》第三部《死神永生》中，僵化的"道德"法则甚至成了毁灭人类的致命缺陷。但即便是进入以星球为单位的物种新战场，"责任"、"勇气"以及基于人际关系的情感连接也依然是人类的希望所在。正如利奥塔说，艺术有可能指向另一种非人，人文主义者所强调的那个先验的、单一的人性将有赖于第二种意义上的"非人"才能实现："焦虑以及被熟悉而又陌生的客人萦绕的精神状态不但使非人兴奋，而且也使他思考——如果人们企图排斥他，如果人们不给他出路，人们就加剧了非人。"[2] 后现代哲学家所描述的另一种"非人"状态，在幻想文学中已经初见端倪。

---

[1] 刘慈欣：《三体III·死神永生》，重庆出版社，2016，后记。
[2] 〔法〕让-弗朗索瓦·利奥塔：《非人——时间漫谈》，罗国祥译，商务印书馆，2000，第2页。

三　新主体的出现：二元关系的重塑

20 世纪末期，美国科幻作家威廉·吉布森率先提出了一种关于虚拟世界的设想，即所谓"赛博格"（cyborg）。这个看起来充满科技感的词在今天已经逐渐成为日常语言中的高频词，"指一种以无性的'制造/复制'而脱离了有机生殖形式、有机生物与人造机器混合、有形肉体与无形信息结合的跨界新生命形态"①。在这个词语的发明者那里，赛博格成了人类的升级版，不仅拥有了强化的身体，还通过对记忆的分离和操控实现了不依赖肉身的存在形态，他们是升级版的新人类或者"后人类"。吉布森 20 世纪就提出了这一概念，并由此上升到哲学问题的高度，被认为开创了"赛博朋克"这一科幻分支。人工智能带来的问题，已经不是对一个被技术创造的外在他者，而是延伸到对人本身的讨论：如果精神被简化成大脑，精神的黑箱被照亮，笛卡尔式的身心二元关系是否仍然有效？

在利奥塔所著的《非人》一书中，第一章题目就专门提出了这个问题："无躯体能否思维？"哲学家所提出的问题在这部科幻小说中得到了生动的呈现：在威廉·吉布森《神经漫游者》这部小说中，主人公是一个落魄的职业杀手，受雇于某神秘力量来到了充满隐喻色彩的"自由彼岸"。所谓"自由彼岸"是一个靠技术构造出来的虚拟世界，在这个时代，人类已经能够通过技术改造自己的身体形态、机能甚至感觉，自由掌握自身的生命，也可以创造出高度仿真的虚拟世界以满足自己的各种需要。但升级版的人类依然嗑药、火并，无法摆脱情感依恋，被各种仇恨控制，于是这个带有乌托邦色彩的"自由彼岸"成了对自由主义的莫大讽刺。小说中的主人公得到了一个"只读存储"的帮助，那是"一个思想盒，一个只读文件，一盒磁带，里面有那死去的人所有的技术能力、爱好和膝跳反应"②。作为一个被完整提取的个体精神世界，是经验和记忆的完整传递，"思想盒子"实现了与沉重肉身的完美分离，获得了永存不朽的特权。在某种程

---

① 王一平：《从"赛博格"与"人工智能"看科幻小说的"后人类"瞻望》，《外国文学评论》，2018 年第 2 期。
② 〔美〕威廉·吉布森：《神经漫游者》，Denovo 译，江苏文艺出版社，2013，第 91 页。

度上，这种数据存储技术已经帮助人类实现了梦寐以求的永生，只不过就像被阿波罗捉弄的西比尔一样，失去了肉体的重量，这个满载着记忆的智慧主体所感受到的痛苦让他宁可放弃自我。当被问到死去的感觉如何时，这个"思想盒子"讲了一个这样的故事：

> 在西伯利亚的俄国集中营里，我有这么一哥们儿，拇指被冻坏了。医务来了，给他切了。几个月以后，他整晚翻来覆去的，埃尔罗伊，我问他，你咋难受了？娘的我拇指痒啊，他说。我跟他说，你挠呗。麦可伊，他说，"是'那一只'拇指啊。"一阵令人发冷的笑声之后，盒子提出请求，用完之后，"把这该死的玩意儿删掉"。①

这段来自旧世界的故事，描绘出精神与肉体之间的传统关系。对于这些已经摆脱了肉身限制的升级版人类来说，对于身体的留恋则让他们陷入了"不可承受的生命之轻"，那种关联着肉身与神圣感的乡愁，数据和信号无法模拟的情感。基于强人工智能时代的想象，人们的恐惧不再单纯指向技术，而是指向人类自身，这一次怪物不是外在于人类的对立面，而是在人心深处。

四　智能化时代的批评话语

20世纪80年代，德里达曾经预言："在特定的电信技术体制中，整个所谓的'文学时代'将不复存在。哲学、精神分析学都在劫难逃，甚至连情书也无法幸免。"② 在当时看来，这是一个相当悲观甚至激进的预言，今天站在这个大数据主宰的新时代入口，我们会发现这个预言其实稍显保守，智能时代带来的不是情书的危机，而是情感的危机，不是修辞的匮乏，而是欲望的解体，算法和数据主导的时代，文学批评也必然经受考验。文学批评不会消亡，但肯定会面对新的命题。随着计算机的数据处理

---

① 〔美〕威廉·吉布森：《神经漫游者》，Denovo译，江苏文艺出版社，2013，第125页。
② Derrida, Jacques, *The Post Card*: *From Socrates to Freud and Beyond*, Trans. Alan Bass, Chicago: University of Chicago Press, 1987, p. 204.

能力呈几何级递增，智能化已经不是某种"炼金术"式的魔法，也不局限于技术上的扩容和提速，而是一种结构性的升级。以往文化精英仅靠"伟大传统"就能碾压天才的个人才能，傲视各种技术手段。但在海量数据可以瞬间传输、便捷检索、复制的时代，人类认知世界、改造世界的能力显著提升，原来用以组织人类社会的基本原则和逻辑起点也受到了挑战。智能化时代所带来的新问题，对于原来的文学规律、审美标准乃至人类的行为模式产生的挑战已经超越了原有的解释框架。

智能化带来的挑战首先是人类主体性的重构。按照目前较为普遍的认识，智能化是指："事物在网络、大数据、物联网和人工智能等技术的支持下，所具有的能动地满足人的各种需求的属性。"① 从这里可以看出，智能化的基础是数据的存储方式和传输方式的巨变，而更深层次的变革则基于对人的理解，当人被理解为能以独特算法处理海量信息的一台超级计算机时，作为现代社会价值基础的人文主义受到了前所未有的挑战。如果说赛博格世界描绘了令人向往或绝望的数字乌托邦场景，那么克隆人和仿生人则用完整副本挑战人类的主体性。当这些原本只属于科幻世界的设定获得了越来越高的智能水平后，人们对生命和自我的界定也必然会随之发生变化。比如当仿生人具有了学习和自我进化的能力，进而经由记忆产生了自我意识，这样的主体如何才能避免被工具化的命运？诺贝尔奖得主石黑一雄在《莫失莫忘》中描摹的正是这样一种情景。事实上这种场景正在走出幻想文学，逐渐接轨现实，以围棋世纪之战为代表的人工智能用算法打败了神话，其意义不在于人类是否可以制造出、情感是否可以模拟，而在于文学创作的主体变化、机器人写作、大数据写作，原来依赖于个人才能或者传统的写作活动逐渐失去了个人性，由此作家的独特性和独创性受到冲击；同时，基于信息技术的写作开始拥有了新的便利，比如网络写作的兴起改变了文学接受的环境。不同于以往读者面对的是一个封闭的、固定的、完成态的作品，网络写作和发表使写作者和阅读者之间以更为便捷的方式互动，文学作品经典化的过程与精英群体之间逐渐脱离。一系列问题呼之欲出：智能化时代的文学是否还有独特的、不可替代的价值？文学创作与接受

---

① 参见百度百科中关于智能化的定义与描述。

的过程发生了什么变化？文学批评的标准是否会随之更新？当人类开始了新一轮的自我进化，文学能为思考智能化时代的新问题产生什么样的新贡献？

其次，面对新的社会现实，虚拟与现实之间的界限被重新界定，基于模仿论的文艺理论在很多方面陷入失语状态。在人机互联技术日臻成熟的今天，原来被视为神秘黑箱的人类思维世界已经逐步被照亮，即人被抽象为拥有通用算法的计算机，文学艺术存在的意义和价值受到质疑，源自亚里士多德时代的经典诗学理论受到挑战。以往构成文学世界基本维度的时空结构更是发生了巨变，科学家声称："当使用电子媒介的信息传播以光速穿越地球之时，当物质的交换几乎不需要实际的交流却能够在一两天内从地球上任何地方移到另一个地方而实现之时，当生产与分配技术已经发展到这样的水平，以至在同样的物质环境使用同样的物品可以随心所欲地创造和装备地球上任何地方之时——这样，我们就可以把时间和空间施加于社会进程的耗费缩减到虚拟的零度。"[1] 赛博空间由此从一个幻想的虚拟空间变成了现实的一部分。如果我们不至于太过悲观，也可以看出，由此必然带来文学评价体系和诗学理论的更新；但这并非意味着艺术价值的下降，却使得科学思维和人文主义的结合成为可能，换句话说，机械复制时代消散的灵韵将在智能时代以新的方式复活。比如：当代文体学的研究，已经普遍将大数据思维用于文学研究，将文学作品看作一个数据库，在其中检索有效的语言信息来标定以往被模糊描述的风格、感觉等感性要素。而人工智能专家则试图从中提取人类的情感样本，用以支持计算机的深度学习。[2] 在本雅明看来，"文学的特许权是建立在多种多样的、综合的而非专门化、具体化的训练的基础之上，并因此而成为共同的财富"[3]。这笔财富或许将在智能化的时代被加以精确描述。

最后，文学书写的核心问题开始转移，时空、记忆、经验等文学的核心命题发生变化，人性、情感等底层逻辑被扰动。本雅明曾经预言："讲

---

① 转引自〔荷兰〕约斯·德·穆尔《赛博空间的奥德赛——走向虚拟本体论与人类学》，麦永雄译，广西师范大学出版社，2007，第148页。
② 参见但汉松《朝向"数字人文"的文学批评实践：进路与反思》，《文化研究》2018年第2期。
③ 〔德〕瓦尔特·本雅明：《机械复制时代的艺术》，汉娜·阿伦特编《启迪：本雅明文选》，张旭东等译，生活·读书·新知三联书店，2008，第251页。

故事的艺术行将消亡。我们要遇见一个能够地地道道地讲好一个故事的人，机会越来越少。"而造成这种现象的原因在于"经验的贬值"①。在智能化时代，随着信息传输技术和存储技术的进步，经验已经被数据和算法重新定义。今天，记忆的外源化已经成为现实，这将对个体和集体的心理认同造成什么样的影响或未可知，但提供了更大的想象余地。以往依赖于垂直落差的神圣维度被替换为时间轴上的未来时态，对未来的把握能力几乎可以等同于对神圣资源的垄断。

站在智能化浪潮中的人类其实并不能预计所有的危机，但可以捕捉到脚下的震动，比如：一个被大数据操控的人，是否已经彻底丧失了自由意志？在一切都可预料、可量化、可控制的时代，原来构成文学核心的"偶然性""个体性"因素是否还存在？在信息高度不对称成为常态时，曾经被用来组织人类社会的基本法则是否仍然有效，诸如公正、平等、诚实等价值基础是否要被重估？在道德、伦理、审美都被数据解构甚至操纵的时代，那些原本构成人文学科基础的基本命题还有没有存在的必要？如果水不过是氢原子和氧原子的组合，海水的颜色不过是对天空的反射，而所有变幻莫测的蓝色不过是光的散射在视觉神经上制造的假象，用数字模拟的方式可以随时加以控制，那些曾经打动我们的诗意将何去何从？这些问题，显然还没有确定的答案。时至今日再回顾本雅明在工业化时代伤感而诗意的描述："乘坐马拉车上学的一代人现在伫立于荒郊野地，头顶上苍茫的天穹早已物换星移，唯独白云依旧。孑立于白云之下，身陷于天摧地塌暴力场中的，是那渺小、孱弱的人的躯体。"② 或许这代表着理性与感性在短暂对立之后的再次合流：在经历数据拜物教的浪潮冲刷之后，人类必将重建新的规则，那或许是在道德原则与情感联系之下的另一种认同，也可能是选择做一只外表坚硬内心柔软的河蚌，坚守此岸的肉身，并接受随之而来的毁灭。正如利奥塔所坚持的那样，这是人类"童年的债务"，"每个灵魂都因为这些债务被捆绑在痛苦和可敬的不确定性中"，而文学与艺术的"任务"就是对"无人之地"的"见证"。

---

① 〔德〕瓦尔特·本雅明：《讲故事的人》，汉娜·阿伦特编《启迪：本雅明文选》，张旭东等译，生活·读书·新知三联书店，2008，第95页。

② 〔德〕瓦尔特·本雅明：《讲故事的人》，汉娜·阿伦特编《启迪：本雅明文选》，张旭东等译，生活·读书·新知三联书店，2008，第96页。

弥合何以可能

——人类学中的人文主义与科学主义

杨轲轲*

摘要： 以人文主义和科学主义二元对立为代表的二元对立思想，深刻影响了思想史的发展，同样也影响到人类学。作为研究"人之所以为人"的人类学，解决这种二元对立，对于学科的发展意义重大。本文先梳理了西方思想史上人文主义与科学主义的分裂，然后简单分析了时下作为"文学人类学"重要研究对象的两部畅销书，最后以马克思主义的原理为基础、布迪厄的"实践理论"为具体方法，尝试解决人类学中人文主义与科学主义弥合的问题。

关键词： 人文主义　科学主义　分裂　弥合

人文主义与科学主义的二分，长久并深刻地影响着西方思想史，同样也左右着以"人之所以为人"为研究对象的人类学。从古希腊到现代，从二元合一到二元对立，学者们自然而然分为两派，一派站在分裂的立场上，主张明确主体与客体的区别；另一派致力于对话，力图消灭这种二元对立，实现人文主义与科学主义的弥合。在研究范围广大的人类学中，也由此出现了不同的派系。时下的人类学，尤其是作为新兴的"文学人类学"，面临着人文的反思和科学的审问，因此，寻求人文主义与科学主义的弥合，意义甚为重大。

一　人文主义与科学主义的分裂

作为一种历史概念，"人文主义"在西方思想史上古已有之。古希腊

---

* 杨轲轲，四川大学文学与新闻学院文艺学专业 2018 级博士研究生，研究方向为西方文艺理论。

时期"'人文'一词里都包含着两个方面的意思：一是'人'，一是'文'。一是关于理想的'人'、理想的'人性'的观念，一是为了培养这种理想的人（性）所设置的学科和课程"。① 在英文当中，文科（liberal arts）和人文教育（liberal education），当中都含有 liberal 一词，这两个词组又都是从拉丁文中衍生出来，因此在西方，不论是文科还是人文教育，都含有"自由"之义。

作为一个特指，"人文主义"出现于"文艺复兴"时期，是一种特定时期的学术思潮。"人文主义"的拉丁词根为 homo，来自 15 世纪初叶在意大利被称为 studiahumanitatis 的课程，英文 the humanities，意为"人文学科"。布洛克在《西方人文主义传统》中将文艺复兴时期的"人文"定义为："人靠自己的力量能够达到最高的优越境界，塑造自己的生活，以自己的成就赢得名声。"② 由此可见，无论是作为历史概念的"人文主义"还是作为特定思潮的"人文主义"，主张维护人的价值和尊严，强调个性与自由的内核是相同的。

至于"科学主义"③，在希腊语中，代表科学（science）的词为 episteme，这个词与表示技术的 techne 和表示艺术创造的 poiesis 有关，所以，舒尔曼认为："当时人们不能在科学、技术和艺术三者间作出区别。"④ 在古希腊，哲学家与自然科学家其实是一体的，哲学家们对于世界的思考很多依赖于科学研究，来自对自然事物的观察，因此这一时期的哲学带有相当明显的"自然哲学"色彩。身兼科学家身份的古希腊哲学家们对科学研究的热衷，并非单纯为了揭示事物的发展规律，解释世界，更重要的还在于自由之实现。亚里士多德在《形而上学》中说："求知是所有人的本性。"⑤ 这种求知

---

① 吴国盛：《科学与人文》，《中国社会科学》2001 年第 4 期。
② 〔英〕阿伦·布洛克：《西方人文主义传统》，董乐山译，生活·读书·新知三联书店，1997，第 36 页。
③ 与"人文主义"不同，"科学主义"并没有文艺复兴这样的契机，也并没有在思想史上形成一个特定时期的思潮，所以有学者认为，"科学主义"是一个伪命题。笔者以为，出现这种认识的原因是将作为历史概念的科学主义与作为特定思潮的科学主义混淆了，科学主义并不存在特定思潮的层面，但作为一种历史概念，它根深蒂固于人类的思想中。
④ 〔荷〕E. 舒尔曼：《科技文明与人类未来》，谢京生、李小兵、张锋译，东方出版社，1995，第 10 页。
⑤ 〔古希腊〕亚里士多德：《形而上学》，苗力田译，中国人民大学出版社，2003，第 1 页。

欲却并不关切其他，而是指向自由——"我们追求它并不是为了其他效用，正如我们把一个为自己、并不为他人而存在的人称为自由人一样，在各种科学中唯有这种科学才是自由的，只有它才仅是为了自身而存在。"①由此不难发现，古希腊时期的科学研究亦是自由的学问，是致力于人的自由的学问。

古希腊时期的人文精神和科学研究是殊途同归、紧密不可分的。到了文艺复兴时期，作为一种思潮的"人文主义"也依然以强调人的个性与自由为旨归，未见大的变革。而另外一边，进入 17 世纪之后，"自然科学"与原先的"自然哲学"分道扬镳，剔除了原本存在于科学中的哲学因素，成为与哲学并列的一门学科，由此，现代意义上的"科学主义"也开始勃兴。这种狭义的"科学主义"强调实证分析，将一切有关价值的判断从科学研究中剔除，在帮助科学技术为人类带来极大的物质享受的同时，也逐渐显示出一种令人担忧的现象——即科技超出了人类的控制甚至反过来奴役人类。

这便是马克思主义②的"技术异化"。马克思在《1844 年经济学哲学手稿》中提出了"劳动异化"的理论："工人生产得越多，他能够消费的越少，他创造价值越多，他自己越没有价值、越低贱。"③ 马克思认为，自由自觉的活动即生产劳动，是人的本质，但劳动在资本主义的"催化"下发生异化并反过来成为统治和支配人的力量。西方马克思主义者卢卡奇在《历史与阶级意识》中将马克思的"劳动异化"发展为"物化"理论，认为"商品结构的本质已经被多次强调指出过。它的基础是，人与人之间的关系获得物的性质，并从而获得了一种'幽灵般的对象性'，这种对象性以其严格的、仿佛十全十美的合理的自律性掩盖着它的基本本质，即人与人之间关系的所有痕迹"④。在卢卡奇看来，人与人的关系一旦表征为物的关系，用一个物的形式来中介人与人的关系，就已经意味着人的生命的丧失。西方马克思主义的另一位重要代表马尔库塞，继承和发扬了卢卡奇的"物化"理论，将马克思主义的"异化"理论与科学技术的发展相结合，

① 〔古希腊〕亚里士多德：《形而上学》，苗力田译，中国人民大学出版社，2003，第 5 页。
② 这里的马克思主义指广义的马克思主义，包括"西方马克思主义"。
③ 〔德〕马克思：《1844 年经济学哲学手稿》，人民出版社，2000，第 53 页。
④ 〔匈〕卢卡奇：《历史与阶级意识》，杜章智译，商务印书馆，1992，第 144 页。

整合成了"技术异化"理论:"当技术成为物质生产的普遍形式时,它就制约着整个文化:它设计出一种历史总体———一个世界。"① 马尔库塞认为,在现代社会,科学技术不再局限于单一的生产力层面,而是拥有了政治统治所具备的特点及功能,这使得技术异化成为社会意识形态,甚至发展为新的社会控制模式。

所以,基于马克思主义的理论,笔者认为,"异化"是指一种事物发展到一定阶段便向自己的对立物转化,分裂出与自身相对立并制约着自己的外在力量的现象。而"技术异化"是与科学技术一起产生的,人的物质生产产品和精神生产产品变成异己力量又反过来统治人、奴役人的一种社会现象。

人类运用科学技术来改造世界,提升生活品质,科技本应该是人类的伙伴,是人类得到自由的手段,然而自17世纪自然科学迅速发展以来,科技脱去了其工具的外衣,演变成了制约人类、强制人类的强大力量,这就使得人类沦为被科技加工的物质,丧失了人的自由、尊严和独立。而这,便是人文主义与科学主义的分裂。

二 文学人类学中的人文主义与科学主义

"人类学的根本问题在于回答'人是什么'"。② 因此,归根结底,人类学是认识和解释"人"之所以为人的学科。所以,自诞生之日起,人类学学科内部也存在着人文主义倾向和科学主义倾向的分歧。这一趋势,在人类学的传统分类上便可看出,无论是英美传统的四分———体质人类学、考古人类学、语言学人类学和文化人类学,还是欧洲大陆的三分———体质 - 生物人类学、社会 - 文化人类学和哲学 - 神学人类学,都体现了不同的人文主义意趣或者科学主义意趣。

20世纪60年代以来,由于受到了后现代主义兴起的影响,人类学领域出现了一个新的理论流派———"反思人类学"。这一流派致力于反思人类学中的科学与人文、经验与理性,甚至对人类学最重要的理论根基———

① 〔美〕马尔库塞:《单向度的人》,刘继译,上海译文出版社,2006,第140页。
② 徐新建:《文学人类学的中国历程》,《西南民族大学学报》(人文社会科学版)2012年第12期。

田野工作的科学性进行反思。这一理论浪潮，一方面倡导了一种情感化的、诗学的手段来进行人类学研究；但另一方面，也在一定程度上走向极端，有否定人类学田野科学性的趋势。因此沃尔夫在《纽约时报》发表言论，认为："人类学已经开始分化，一些二级学科只是追逐自己的特殊兴趣，却丢失了作为一个整体的相互沟通和联系，从此没有了学者可以共同分享的讨论和学术术语。"① 而莫尔的话则更加直白："人文主义的人类学家嘲笑他们的科学主义同事是还原主义者，科学主义的人类学家批评他们的人文主义同事不够严谨，这场争论还在继续。"②

（一）分裂的典型

2016 年出版的《未来简史》，③ 是赫拉利继《人类简史》之后的又一力作，不出意料地引发了一波阅读热潮，当然也情理之中地激起了一些质疑甚至批判。赫拉利广博的知识量以及与时俱进的科学嗅觉同他犹太人的先天智慧相结合，在《未来简史》里为读者搭建了一个可能的"未来图景"，试图解决人从何处来，会去向何处的终极问题。

《未来简史》分为三个部分：第一部分是"智人征服世界"，第二部分是"智人为世界赋予意义"，第三部分是"智人失去控制权"。在赫拉利的框架中，前两部分是人文主义兴起并且居于主导地位的时期，这一时期人文主义帮助智人征服了世界，同时为世界赋予了意义。而在第三部分，人文主义被以"数据主义"为典型代表的科学主义打败之后，智人开始失去对自身乃至世界的控制权。

赫拉利在书中一直重申，人文主义的失败不可避免。他将人文主义分为三种：自由人文主义、社会人文主义和进化人文主义。④ 结尾处的三个

---

① Eric Wolf, "They Divide and Subdivide and Call it Anthropology", *New York Times* (30 November), Ideas and Trends Section, 1980, p. E9.
② Jerry D. Moore, *Visions of Culture: An Introduction to Anthropological Theories and Theorists*, Walnut Greek, CA: Altamira Press, 2004, p. 321.
③ 《未来简史》与下文的《最好的告别》，严格意义上说，并不属于人类学的成果，但是作为研究"人之所以为人"的人类学，这两个文本又应当属于文化人类学当中的"文学人类学"的研究范畴，况且，人类学本来就是一个搭建在跨学科研究之上的学科门类。
④ 〔以〕尤瓦尔·赫拉利：《未来简史：从智人到智神》，林俊宏译，中信出版集团，2017，第 224 页。

结论，也宣告了人文主义的死亡。

"1. 科学正逐渐聚合在一个无所不包的教条之中，也就是认为所有生物都是算法，而生命则是进行数据处理。2. 智能正与意识脱钩。3. 无意识但具备高度智能的算法，可能很快就会比我们更了解我们自己。"①

而在笔者看来，其实后面赫拉利的三个问题更能说明他的坚定科学主义立场："1. 生物真的只是算法，而生命也真的只是数据处理吗？2. 智能和意识，究竟哪一个才更有价值？3. 等到无意识但具备高度智能的算法比我们更了解我们自己时，社会、政治和日常生活将会有什么变化？"② 下面我们仔细分析。

第一个问题，赫拉利向读者抛出一个从阅读开始就困扰着大多数读者的问题——"生命真的只是数据处理吗？"而笔者相信，大多数读者读完之后会发现，这根本就是多此一问，赫拉利的立场非常明确——是！因为他的数据主义就是建立在这个假设之上的。再看第二问和第三问，第二问涉及智能和意识哪一个更有价值的问题，我们暂且不论这里的价值（value）在涉及这类问题时是否合适，我们只说第二问和紧接着的第三问的自相矛盾，第三问的假设是"等到无意识但具备高度智能的算法比我们更了解我们自己时"，了解自己不就是人类意识的最重要的作用吗，比我们更了解自己，那人类的意识还有什么用，不是已经完败给智能了吗？这样一来，第二问设问的前提就不成立了，智能已经胜了，又何谈价值的比较呢？

赫拉利之所以会出现这样的逻辑矛盾，就是因为他坚信人文主义的失败和科学主义的胜利，但同时又不想把话说得太死，给自己留有余地，设立关于意义与价值的三个问题，在自己早已经建造好的"数据帝国"里留出一丝缝隙，不至于将意义与价值赶尽杀绝。

因此，赫拉利的错误在于将"科学主义"进一步发展为"科技决定论"，自己本身就陷入了"技术异化"的怪圈。

---

① 〔以〕尤瓦尔·赫拉利：《未来简史：从智人到智神》，林俊宏译，中信出版集团，2017，第 359 页。
② 〔以〕尤瓦尔·赫拉利：《未来简史：从智人到智神》，林俊宏译，中信出版集团，2017，第 359 页。

（二）弥合的尝试

作为美国"医学民族志"的代表文本，2015年出版的《最好的告别》，与《未来简史》的立场不同，可以视作一个人文主义者与"技术异化"抗争的过程。作者葛文德讲述了自己十数年的行医生涯中，目睹的众多患者临死前的景象，其中包括自己的祖母和父亲。作者以强烈的人文关怀去审视世界上拥有最先进医疗水平的美国，发现依然有大量的公民无法获得理想的"善终"。

葛文德是一位印度人，在印度文化中，老人是要与子女住在一起安享晚年的，这也给予作者一个比较的视野去审视美国的临终医疗：那些浑身插满管子，被亲人们从死神手里一遍遍抢过来的患者，他们真的愿意这样吗？医疗技术的发展，使得许多家庭将希望完全寄托于医院，医生扮演着掌握生死的上帝的角色，家属们一味追求生的可能性，却忽略了对于许多患者来说，没有痛苦地死去或许是最好的解脱方式。科技的发展提高了生的可能性，却抹去了很多人头脑中对生的价值的思考，人们创造了先进的医疗技术，但这些技术却反过来迷惑了人们，科技异化了。

但是情况在好转，在一大批像葛文德一样的临终关怀运动的倡导者和实践者的努力下，美国的临终关怀制度更加人性化了，"姑息医疗"等手段的出现，给了一大批美国公民面对死亡的勇气。

然而，问题依然存在，葛文德父亲临终前的景象便是明证。作为美国最顶尖的医生、奥巴马的医疗改革顾问，面对父亲的死亡时，葛文德依然显得束手无策，并未让父亲在他理想的环境中逝去。原因在于，葛文德的认识依然停留在科技层面，他所提倡的"姑息医疗"等善终服务，依然是治标不治本，无法达到他所追求的终极人文关怀。

葛文德力图弥合人文主义与科学主义的诉求很明显，其尝试也值得尊重，但遗憾的是，因为没有为主体与客体的沟通提供可能，其结果只能是改良，不具有理论和实践上的说服力。

《未来简史》在强大的"科学主义"立场上，给"人文主义"留下了一丝呼吸的缝隙，《最好的告别》体现了一位有强烈人文关怀的医生对于弥合人文主义与科学主义做出的努力。由以上两位人类学领域引起强烈反响的畅销书作家的创作实践可以看出，在人类学的范畴内，人文主义与科学主义的弥合依然是一个亟待解决的问题。

三　弥合何以可能

我们的问题是，在人类学当中，人文主义与科学主义的弥合，是否有直接的可资借鉴的方式？笔者认为，这一问题的最可能的解决方式，还是应当存在于马克思主义的理论中。

人文主义关注的是作为主体的人，科学主义注重的是作为客体的科学技术，因此想要寻求人文主义与科学主义的弥合，首要的就是打破主客体的二元对立。

主客体的二分是伴随人类思想史的诞生而出现的，但主客体的二元对立模式却是从近代开始的。周来祥认为西方古代哲学是"一元统一"的统一哲学，近代以来的西方哲学，是"二元对立"的哲学，这两种哲学类型之间"正好形成了完全相反的特征"。①笔者认为，之所以有这样的转变，一方面，是笛卡尔等对人类主体性地位的确立，"我思故我在"将人类主体凌驾于宇宙万物之上；另一方面，是康德对价值理性与工具理性的划分，培根对于工具理性的推崇，又在一定程度上将理性的力量放置在人类主体之上，而到了黑格尔将理性设置为衡量一切的尺度之后，理性已经从原先的手段范畴上升到目的范畴，人类主体性和工具理性正式形成二元对立之势。

马克思发展了黑格尔的辩证思维，将劳动和实践引入了其本体论和认识论的论述中，认为主体和客体的划分，都是从劳动实践开始的："有意识的生命活动把人同动物的生命活动直接区别开来。"②在劳动实践中，人的主体性开始显现，但要区分主体与主体之外的客体存在，还要依赖自然这个对象，所以"人的感觉、感觉的人性，都只是由于它的对象的存在，由于人化的自然界，才产生出来的"③。至于主客体二者之间的关系，恩格斯

---

① 周来祥：《论哲学、美学中主客二元对立思维模式的产生、发展及其辩证解决》，《文艺研究》2005 年第 4 期，第 39 页。
② 〔德〕马克思：《1844 年经济学哲学手稿》，人民出版社，1985，第 53 页。
③ 〔德〕马克思：《1844 年经济学哲学手稿》，人民出版社，1985，第 83 页。

在《反杜林论》中认为："不管它们如何对立，它们总是互相渗透的。"①

在马克思和恩格斯看来，主客体并不像在笛卡尔等唯心主义那里是孤立的、机械分割的，而是相互关联、相互渗透的。另外，马克思又批评以费尔巴哈为代表的唯物主义的"主要缺点"在于"对事物、现实、感性，只是从客体的或者直观的形式去理解，而不是把它们当作人的感性活动，当作实践去理解，不是从主观方面去理解"②。

所以，马克思和恩格斯所主张的是一种既不同于理性主义又不同于机械唯物主义的认识原则，在这一原则中，主客体既对立又统一。

马克思和恩格斯为人文主义和科学主义的弥合提供了理论上的可能性，身为人类学家的布迪厄，则在此基础上发展出了自己的"实践理论"，而这一理论也被认为是超越二元对立最有价值的理论之一。

在马克思的二元对立根源分析的基础上，布迪厄认识到了主观主义和客观主义的存在性缘由："客观主义和主观主义之间斗争的起因和焦点是人类学对人亦即对科学的对象和主体的看法（可能因主体与科学之对象的客观和主观距离的大小而倾向于客观主义或主观主义）。"③ 作为人类学家的布迪厄接着说道："这种看法迫使人们明确提出一些人类学问题。"④

布迪厄从人类学起家，但他的研究范围却不止于此，而是放眼整个社会科学，并且他本人其实是一个学科划分的坚定反对者，因为许多学科划分的严格界限造成了研究者的故步自封，取消了相互借鉴的可能。至于之所以会产生这种学科间对立的原因——"在人为地造成社会科学分裂的所有对立之中，最基本、也最具破坏性的，是主观主义和客观主义的对立"⑤。

"一方面，客观主义解释学意欲与基本的思维形式保持一种盛气凌人的距离，把基本的思维形式视为解释技巧练习题……而这在实际上体现了基本思维形式的限度；另一方面……他们把常识当作生活意义并使其发挥

---

① 〔德〕恩格斯：《反杜林论·引论》，《马克思恩格斯选集》第 3 卷，人民出版社，1972，第 62 页。
② 〔德〕马克思：《关于费尔巴哈的提纲》，《马克思恩格斯选集》第 1 卷，人民出版社，1972，第 16 页。
③ 〔法〕皮埃尔·布迪厄：《实践感》，蒋梓骅译，译林出版社，2003，第 69 页。
④ 〔法〕皮埃尔·布迪厄：《实践感》，蒋梓骅译，译林出版社，2003，第 69 页。
⑤ 〔法〕皮埃尔·布迪厄：《实践感》，蒋梓骅译，译林出版社，2003，第 37 页。

作用，且自认为是获得了客观意义的主体。客观主义归约能显示神话或仪式履行的所谓客观功能（如涂尔干说的道德整合功能，列维－斯特劳斯所说的逻辑整合功能）；但是，这种归约将它显示的客观意义与使该意义发挥作用的行为人分离开来，故与行为人的实践据以得到规定的客观条件和实践目的分离开来，从而禁止人们理解这些功能是如何实现的。"① 客观主义刻意制造与主体间的距离，误将经验性的习得视作真理，这种将客观条件与主观目的分离开来的观点，在主观理解和客观存在之间设置了一条难以逾越的鸿沟。具有讽刺意味的是，布迪厄所谈论的这种客观主义者正是为作为主体的自身设置了客观的障碍。

相反，主观主义者"倾向于把合乎逻辑的事物当作事物的逻辑。他根据通常获得信仰的一般模型，思考有意识的信仰决定，从这一实际考虑出发，最终把实践主体的有意识决定当作产生持久倾向的实践的根源"②。客观主义者在主观与客观之间设置鸿沟，主观主义者的问题在于，没有把主观意识投射到客体之上，将未经客观事物检验的主观意识直接用于指导实践，直接无视了客观事物存在的价值。在论及萨特等人搭建的"主观主义的想象人类学"时，布迪厄认为这"行动本身都只是些自欺行为"③。所有的主观判断都需从客观事物中来，并在客观事物中检测，方可具有阶段性的实践性，无视客观事物的主观判断只能是自欺欺人的臆测。

在将客观主义和主观主义各打五十大板之后，布迪厄总结道："客观主义和主观主义，机械论和目的论，结构必然性和个人能动性，这些对立都是虚幻的，每一组对立中的双方都彼此强化。这些对立混杂在一起，掩盖了人类实践的人类学真理。"④ 实践的人类学真理就是打破客观主义与主观主义、机械论和目的论、结构必然性和个人能动性的二元对立，实现二元弥合。

为了消除这种二元对立，布迪厄创造性地提出了"惯习"和"场域"理论，并由此构成了其"实践理论"。在布迪厄的理论框架中"惯习是一种

---

① 〔法〕皮埃尔·布迪厄：《实践感》，蒋梓骅译，译林出版社，2003，第 150～151 页。
② 〔法〕皮埃尔·布迪厄：《实践感》，蒋梓骅译，译林出版社，2003，第 75 页。
③ 〔法〕皮埃尔·布迪厄：《实践感》，蒋梓骅译，译林出版社，2003，第 63～64 页。
④ 〔法〕皮埃尔·布迪厄、〔美〕华康德：《实践与反思》，李猛、李康译，中央编译出版社，1998，第 10 页。

结构形塑机制（structuring mechanism），其运作来自行动者自身内部，尽管惯习既不完全是个人性的，其本身也不是行为的全部决定因素"①。而"从分析的角度来看，一个场域可以被定义为在各种位置之间存在的客观关系的一个网络（network），或一个构型（configuration）"。②

此二者在社会实践中建立联系，并相互作用："社会科学的对象就是惯习和场域之间的这种关系所产生的一切，即社会实践和社会表象，或者在被感知、被评价的那些现实形式中展现自身的场域。"③"惯习"代表了结构性的个体主体，"场域"代表了结构性的客体关系，"惯习"与"场域"的结构关系的结果就是"实践"。布迪厄用这种沟通了主观能动性和客观现实的方式，建立起了主客观的辩证关系。

因此，布迪厄的观点可以总结为：社会结构产生文化，文化引发实践，实践再催生社会结构的变化，置换到人文主义与科学主义的关系上，即科学为人文提供认识基础，人文为科学指导实践方向，科学再反过来促进人文的发展。在 1972 年的著作《实践理论大纲》中，布迪厄通过对卡比利亚地区和贝恩亚地区的礼仪实践和婚姻制度的分析，通过将关系思维引入社会科学，一定程度上超越了人类学中的主观主义和客观主义的二元对立。因此，布迪厄的实践理论不仅较好地解决了社会学中个体主体与客观现实的交往方式的问题，也提供了一个在人类学中实现人文主义与科学主义弥合的较为理想的可能性。

当然，我们不得不承认，无论是马克思还是布迪厄，都没有完满地解决这个问题，人文主义和科学主义的弥合目前依然只存在于理论当中，要付诸实践可能还得有赖于"马克思主义人类学"的继续发展。④

---

① 〔法〕皮埃尔·布迪厄、〔美〕华康德：《实践与反思》，李猛、李康译，中央编译出版社，1998，第 19 页。
② 〔法〕皮埃尔·布迪厄、〔美〕华康德：《实践与反思》，李猛、李康译，中央编译出版社，1998，第 133～134 页。
③ 〔法〕皮埃尔·布迪厄、〔美〕华康德：《实践与反思》，李猛、李康译，中央编译出版社，1998，第 171 页。
④ 具体可参看〔英〕莫里斯·布洛克：《马克思主义与人类学》，冯利、覃光广、陈为、蒙宪译，华夏出版社，1988。

科幻的方程式

——读《三体》有感

贾 煜[*]

摘要： 文章从科幻创作的角度出发，对刘慈欣的《三体》进行了剖析，对科幻写作的科学性、想象性问题进行了深入探讨，并以此为基础对科幻文学区别于其他文学类型的独特品质和价值进行了说明。

关键词： 科幻小说 《三体》 科技文学

一

在《三体》中，让笔者印象最深的两个名词是"黑暗森林法则"和"降维打击"。这个法则是三体中最基本的一个设定，其实就是对人类、宇宙生死思考的一个设定，基于这个设定，三体的故事才得以展开。作为一个作者，笔者从写科幻小说的角度来看，讨论这个设定是否成立毫无意义，因为写科幻不同于写纯文学，它是一定会先设定一个规则，再在规则的基础上推演出故事，就像著名的阿西莫夫机器人三大定律一样，这些规则定律就是作者写科幻小说的一个遵循、一种自洽。科幻小说有了基本规则，就可以设定其背景了。很多科幻小说建立在现实历史背景的影射之下。比如《三体》中的宇宙文明，就有历史的影子，它像冷战后的世界，冲突的基本根源不再是意识形态，而是文化方面的差异，主宰宇宙的就是"文明的冲突"。刘慈欣

---

* 贾煜，公共管理硕士，系中国自然资源作家协会会员，四川省科普作家协会理事，成都市作协会员，杂志签约作者。文稿说明：2019 年，贾煜应邀参加四川大学文学人类学博士课程的专题研讨，就《三体》与科幻写作作了主旨发言。本文是发言提纲的扩充修改稿。

也说："假如整个人类历史上，不同文明之间的关系都很和谐，我们不曾有过殖民政府，也不曾有过战争，人类一直是通过协商和平合作，互相尊重并一直生活到现在，《三体》无论如何也不会想象出那么一个宇宙的状态，无论如何不会想象出'黑暗森林法则'。"① 在小说中，以文明来预测未来这事上，刘慈欣抛出"黑暗森林法则"是非常大胆的，这也是他不同于其他科幻作家的地方，他的作品总是格局宏大、立意高远，对人类文明的视角总是全景式的，用一个词就高度地概括了文明在宇宙中的生死规律，而大多数科幻作者只能以一个点作为想象的基础，去假想一种文明。比如笔者曾写过的与文明相关的科幻小说，就是从三星堆文明得到的启发。

文明的起源与文化的传播往往与自然地理息息相关，龙门山在历史上被视为古蜀文明的起源，但古蜀文明对于今天的我们来说，就像一个多面体的魔方。因为就目前所知的三星堆出土的青铜器，其青铜矿源"基因拼图"仍然缺少关键的几块，不像出土的金器，其"基因"与成都平原以北的岷江、沱江、涪江、嘉陵江等含金水系里的基因基本吻合，因此青铜器的出现让三星堆的真相永远隐藏在迷雾中。然而就是这样的神秘，给了科幻作者无限遐想。比如古蜀文明起源于龙门山，而2008年汶川地震就是发生在龙门山断裂带。笔者把几个关键词剥离出来——古蜀文明、龙门山、大地震、消亡的三星堆，还有凭空出现的青铜器等，这些关键词串联起来，就成了一篇科幻小说，并且是带有警示寓言意味的科幻小说。就自然地理而言，远古的灾难必将在未来重现，我们的世界就是在无数次陨灭与重生中获得发展并最终形成的。地层的挤压或推覆造就了山脉，地壳的抬升形成了峡谷，洪水的冲刷与堆积形成了良田，地震改变的地貌和地震形成的遗迹，就是文明向我们解释过去和未来的一种方式。

二

作为科幻作者，当今的未解之谜始终是激励我们写作的动力之一，就如科学家们孜孜不倦地在探索这个世界。对于这一点，笔者觉得科幻

---

① 《〈三体〉作者刘慈欣：这才是人类的未来!》，http://www.sohu.com/a/241225460_138452。

作者对未来的探索精神是远远大于其他类型的作者的，而刘慈欣探索的眼光，无疑又是最远最深邃的。当然，有些读者就会问，科幻是不是存在先于科学的那部分，因为很多科幻作品具有警示性。笔者觉得这么说有一定道理。科学只是对客观世界的观察和描述，而文学是对人、对生活、对社会、对文明的观察和记录，科幻需要审视科学技术的应用可能对人类的未来带来哪些影响。所以具体到科幻作者，他的功能就是，不仅观察生活，还要审视科技，但不是普及科学知识或科学观念。一些读者喜好在科幻作品里挑刺，但科幻作家不是科学家，他们只是审视科技，并不对科技或理论的想象负责，况且物理学、宇宙学中很多理论如今也存在着争议，或只是模型上的假设而已。比如近日有天文学家提出，宇宙中除了黑洞，还有白洞的存在，这个概念看似就非常科幻，就如黑洞被证实之前，它出现在科幻小说中也非常科幻一样。而如今，在短短的几年内，科学家探测到的引力波信号数量已达十余个，这些引力波信号就是黑洞合并时发出的，它们足以让我们深入理解所处的世界以及宇宙。

那白洞是怎么回事呢？白洞实际是逆向的黑洞，性质与黑洞完全相反，就像记录黑洞的电影胶片在倒放。广义相对论从理论上很早就预言了白洞存在的可能性。如果它真的存在，那将颠覆宇宙诞生于大爆炸的观点，即我们的宇宙可能是从之前的坍缩阶段反弹出来的。这句话其实是对宇宙生死的一个思辨：终极即是开始。以前我们认为的宇宙产生于大爆炸，它是不断膨胀，然后收缩，变成奇点，最后又爆炸。但现在，出现了白洞的假想后，宇宙轮回就变了，用科幻小说写出来，可能就是一个黑洞，吸进去了足以形成我们这个宇宙的物质能量，最终变成白洞，又把我们这个宇宙反弹了出来，在这个过程中，有无数的物质能量乃至生命和文明被吞噬，又以另外的形式跨越了时空慢慢再生。以前的科学认为宇宙是单向性的，但从目前的科学猜想来看，宇宙是轮回的，不管是爆炸、膨胀、收缩、再爆炸的轮回，还是以黑洞进白洞出式的轮回，都是以一种类轮回的方式对宇宙的生死进行了深度猜想。宇宙的诞生和消亡是解不开的谜，但就是这些谜团给了科幻作者创作的空间。

那么在《三体》中，文明的落差就决定了生死，而关于如何生死、怎样生死，书中有一段程心与关一凡的对话，让笔者感受颇深。当时两人谈到消灭文明的武器，是这样说的："宇宙规律是最可怕的武器，也是最有效的防御手段。无论在银河系还是仙女座星云，无论在本星系群还是超星系群，在真正的星际战争中，那些拥有神一般技术力量的参战文明，都毫不犹豫地把宇宙规律作为战争武器。能够作为武器的规律有很多，最常用的是空间维度和光速，一般是把降低维度用来攻击，降低光速用于防御。所以，太阳系受到的维度打击是顶级攻击方式。"从这一段对话中，可以看出未来世界人类所谓的生和死，已不是现在我们对生死定义的范畴了。除了像《三体》中"降维打击"那样的新式武器对我们生死形式的外在改变（一个人死的时候呈现的不是一具尸体或是火葬后的一堆灰），那未来的人类生死，可能更应该去思考，如何定义生死。现代医学科技的快速发展让机械或者人造器官可以代替人类的器官，比如假肢、人造皮肤等，那么当一个人只是换了副假肢的时候，他还称作人，但当他除了头部，身躯全部都换成了机械和人造物品的时候，他还算不算一个人？生化人和仿生人的区别在于，仿生人的内部是机器，但如果仿生人有意识的话，那他又算不算一个人？或者说把一个人的大脑移植到仿生人的脑子里，那这个人的生命是不是就得到了延续，他究竟算作生还是死？再进一步说，假如把人的意识用储存器储存起来，不管生命的形式是什么样的，那这个人又是算生还是死？

三

在这种探讨里，科幻显现了不同于其他文学的地方，那就是，它只需要一个设定，就让我们现实中单纯的问题变得复杂，一些在现实美好或丑恶的东西在那种设定的极端环境下就改变了，甚至颠倒了，然后科学的问题就变成了一个哲学问题。其实科学和哲学都是在追问世界的真相，只是运用的手段不同而已，还有很多观点认为，科学和宗教也是相通的，尤其是在量子物理学出现以后，认为科学研究到极致时，就会与宗教汇合。有很多文章写科学家用量子力学解释人死后的世界，这就是说我们真的有"灵魂",身体死了,"灵魂"还存在于精神量子领域,如果这不是科幻,那我们未来是否可以捕捉到这样的"灵魂",从而得到永生呢?那我们现在所谓的死亡,是否就只是我们所见这个世界的死亡,而我们看不见的那个世界里,根本就没有死亡呢?甚至有人认为,死亡其实是人体意识的一种幻觉,生与死都并不存在,就如宇宙中的星体绽放和凋谢,变幻不止。如果这是真的,那么未来人类也就可以通过量子复活重生,我们的生命形态就完全被改变了。这就是科幻文学中常会触及的一个问题,未来人类生死将是一种什么形态?这个问题可能目前的科学、哲学和宗教都没法给出答案,倒是科幻文学,可以沿着科学发展的轨迹,在构筑的文字世界里,用一种思维张力推演未来,提供一个仁者见仁智者见智的答案。科幻文学在看似虚构的文字里,探讨着人性和人类的终极问题,让读者可以以一种超越了科学的深度与普遍性,关切并且反思科学本身以及它的局限,这可能就是科幻不同于其他类型小说所具有的独特魅力吧。

说到科幻文学中的未来,在《三体》中描写的远景式的未来太过遥远,笔者可能更关心的是近景式的未来,也就是未来十年到五十年这个区间,比如人工智能、虚拟空间和区块链。在阿尔法狗战胜了人类围棋高手后,越来越多的人工智能在各个领域开始崭露头角,人们不断陷入机器人是否会战胜人类的讨论中,那人工智能到底会不会取代我们?笔者觉得不必杞人忧天,真正应该警惕的是科技的快速发展带给我们的享乐和便利,让我们掉入一个自毁的安乐窝。说到虚拟空间,随着网络技术的快速发展,虚拟空间离我们已经不远。最早与之有关的科幻小说叫《十三层空间》,是美国作家丹尼尔·加卢耶在1964年创作的,那时候计算机还处于晶体管时代,科幻小说就预言了今天已经变成现实的虚拟技术。这部经典的科幻小说对后来科幻小说的赛博朋克流派和《黑客帝国》等电影影响至深。至于区块链,它是从虚拟货币比特币开始走红的,其核心是去中心化,它是引领未来金融、经济发展的一个方向,关于区块链的科幻小说,推荐刘宇坤的《拜占庭同情》。

不得不说,科学的想象和美都是被禁锢在冷酷的方程式里的,普通人很难窥见,这就需要我们科幻作者把科学的美通俗化,以文学的方式呈现出来，把这种美从方程式中释放出来，让更多的人看见那种美。而科学之美一旦展现在人们面前，其对灵魂的震撼和净化的力量是巨大的，并且某些方面是传统文学之美难以达到的。最后，用爱因斯坦的一句名言结束今天的发言："逻辑会把你从 A 带到 B，而想象力能带你去任何地方！"

科幻未来中的"后人类"主体之思

——以《黑暗的左手》为例

肖达娜*

摘要：21世纪初期，科学技术脱缰般的发展在给人们带来兴奋的同时也引起了极大的恐慌。西方知识界中"后人类主义"思潮的不断升温正是这种焦虑与恐惧的重要表现形式之一。本文以美国科幻作家厄休拉·勒奎恩的《黑暗的左手》为文本依据，直面我们身处的这个主体大改造的后人类时代的困境，挖掘出勒奎恩关于"后人类"主体形式建构的思考，探索其对当下社会及科技发展的启示。

关键词：《黑暗的左手》 勒奎恩 后人类 双性同体

20世纪后期以来，生物工程、仿生工程以及无机生命工程的发展使得人工器官、克隆人、基因编辑婴儿、寿命的延长等成为可能，昭示着"后人类"时代的来临。传统的人文主义遭到了无情的拆解，西方知识界的"后人类主义"思潮不断升温。后人类时代的到来不仅对人类主体形成了挑战，而且对于人类的历史性的看法也在悄然转变之中。① 后人类将以何种新形式的主体性而存在成为当今学界亟待解决的重要问题之一。在这种情况下，科幻文学以其特有的包容性、创造性及前瞻性跃然成为探索后人类状况最理想的思想实验基地。科幻作家在虚拟空间大胆设想后人类境

项目基金：教育部人文社会科学研究一般项目"厄休拉·勒奎恩科幻作品中的生态美学思想研究"（18XJC752004）；四川省教育厅科研项目"美国作家厄休拉·勒奎恩奇幻作品中的中西方文化互动研究"（16SB0044）

* 肖达娜，四川师范大学国际教育学院副教授，硕士生导师，四川大学道教与宗教文化研究所美学专业在读博士生，研究方向为文学人类学、神话学、科幻文学。

① Mads Rosendal Thomsen, "The Posthuman in the Anthropocene: A Look through the Aesthetic Field", *European Review*. Oct. 2016, Vol. 25, No. 1, pp. 150~165.

况，重塑人类主体，表现出超前的后人类主体意识，反过来启迪并促进后人类时代新形式的理论构建。其中，美国科幻作家厄休拉·勒奎恩在其著作《黑暗的左手》（*The Left Hand of Darkness*，1969）中，以人类学的方法和视角观察并描述，以"双性同体"为主题，以模糊的边界为主线，展现出她对后人类时代人类新形式主体构建的深邃思考。

一 西方"后人类"思潮

美国思想家、未来学家雷·库兹韦尔在其巨著《奇点临近》（*The singularity is near*，2011）中表达了一个重要思想：人类创造技术的节奏正在加速，技术的力量也正以指数级的速度增长。"奇点将代表我们的生物思想与现存技术融合的顶点，它将导致人类超越自身的生物局限性。人类这一物种，将从本质上继续寻求机会拓展其生理和精神上的能力，以求超越当前的限制。"[1]"后人类"概念源于科幻小说、未来学、当代艺术和哲学领域，字面上指存在于人类之外的人或实体。在 21 世纪科技革命的催化下，对技术的盲从与追捧正逼使人类迅速走向"后人类"时代，对"后人类"的定义及"后人类"主体的思考继而成为西方"后人类"思潮的核心话题。西方学者在充分吸收控制论、结构主义、后结构主义等理论资源的基础上，结合当代科技发展动态，在后人类新理论的构建及人文学科的发展方面产生了自己独到的见解。

Pramod K. Nayar 在《后人类主义》（2014）中，以奥克塔维亚·巴特勒（Octavia Butler）的科幻小说《雏鸟》（*Fledgling*，2005）为主线，再议人文主义的兴衰，重新探索后人类主义的起源。他认为，由于 20 世纪的哲学、批判理论和生物学从根本上破坏了人类和启蒙运动的人文主义理想，人类已不再是人类地球的中心。他提倡物种的世界大同主义，主张后人类应该接受多物种的交融并对不同物种的身份负责。此外，"后人类"时代的社会政治观也是学者们探讨的重点。

以《历史之终结与最后一人》（1992）一举成名的日裔美籍学者弗朗

---

① 〔美〕雷·库兹韦尔：《奇点临近》，李庆诚等译，山东人民出版社，2011，第 1 页。

西斯·福山就是主要代表之一。福山认为,"除非科学终结,否则历史不会终结"。① 他于 2002 年再出新作《我们的后人类未来:生物技术革命的后果》,强调生物技术不加约束的发展会终结自由民主制乃至人性本身,提出唯有通过政治"锁死"科技的方法,才能帮助人们走出后人类困境。

西方知识界不断升温的"后人类"思潮反映出人们对 20 世纪后期现代科技的兴奋与焦虑。大航海时代以来,人类逐渐运用技术改变了世界,今天,人类不仅要征服自然,还企图从生物性上改变自己,甚至奢望成为"永生"之神。如果说 20 世纪人类最终未能突破生物因素和道德伦理对重塑人类主体的限制,那么,在 21 世纪伊始,人类彻底打破自然选择法则的可能性已初现端倪。2018 年 11 月,一对基因编辑婴儿健康诞生,开启了人类主体智慧设计之门。借助科技,人类有望通过三种方式让智慧设计取代自然的身体选择:生物工程、仿生工程以及无机生命工程。生物技术可以帮助我们治愈身体的疾病,延长肉体的寿命,修改我们的基因,让我们的精神愉悦,让孩子易于管教;仿生工程可能创造出"生化人"(cyborg),使人体拥有各种生物体的结构与功能,如苍蝇的复眼、蝙蝠的耳朵、海豚的皮肤等;无机生命工程则使另一种改变生命法则的技术成为可能,那就是创造完全无机的生命。但是,当人类的身体可以像乐高积木一样随意搭建和拆卸,当人类的智力和情感可以像 U 盘一样即插即用,未来"后人类"的身体建构在打破自然生命法则之后,我们又将面临怎样的震惊?赫拉利出版的简史三部曲就对此提出了担忧:"在这样的主体升级过程中可能导致人性的丧失与主体性的崩塌,后人类的未来将不堪设想。"②

文艺复兴以来的文学文本总是向我们展示人类的行为、反应和互动。事实上,我们可以说是文学"发明"了人类,而它现今又试图告诉我们,当"人"中包含了"非人"的成分时,人为何物?科幻文学作为创造奇迹的思想实验基地,正是以其瑰丽的想象,为我们呈现出种种生动的"后人

① 〔美〕弗朗西斯·福山:《我们的后人类未来:生物技术革命的后果》,黄立志译,广西师范大学出版社,2016,第 33 页。
② 尤瓦尔·赫拉利:牛津大学历史学博士,现任耶路撒冷希伯来大学的历史系教授。2012年至今出版简史三部曲:《人类简史》《未来简史》《今日简史》。

类"镜像，呼吁我们去思考未来的人类革命：在人之后，后人类主体将会以何种形式呈现？[①]

二 科幻小说中的"后人类"镜像

"科幻小说以虚构的整体时空背景替换现实经验环境，通过幻想建构一个截然不同的他者世界，从而达到一种陌生化、新奇化的效果。"[②] 即便小说不能完全准确地描述当代科学，它也使得在这个生物科技、基因工程及计算机工程飞速进步的时代对人的本体性问题进行探索成为一种可能。为了更加深入地思考关于"人""生命"等本体性问题，科幻作家们不可避免地需要从故事背景、人物形象以及读者感受等多方面来拓宽"人类"的定义。

早在文学史上第一部科幻小说《弗兰肯斯坦》（*Frankenstein*，1818）中，玛丽·雪莱（Mary Shelley）就塑造了一个由具有犯罪心理的生物学家利用死尸拼装研制而成的巨大怪物形象。当这个怪物睁开双眼时，它狰狞的面目吓坏了它的制造者。随之而来的各种悬疑离奇的事件更是严重打乱了原有世界的秩序与和谐。玛丽·雪莱在小说中从生物层面上解构并重塑了人类主体，并对"非人"的外形及性格特征进行探讨，通过怪物的善恶来反映人性中的善恶两面性。同时，她通过这部作品反映了当时许多和弗兰克斯坦一样的科学家对于生死的看法，他们相信生与死的界限并不绝对，一定有某种科学的方法可以打破这个界限。然而，在故事中，雪莱最终没有让"非人"与人类共存，这一方面表现出她对"后人类"作为一种新的物种的恐惧与担忧，另一方面也体现出她对"人类"作为一个整体的坚守。在《美丽新世界》（*Brave New World*，1932）中，奥尔德斯·赫胥黎（Aldous Huxley）也在其描绘的幻想世界中预示了生物技术将会给人类带来的重大科技革命。通过波坎诺夫斯基程序（Bokanovski fication）试管授精、"索玛"（Soma）、感官器（Feelies）等精神药物和其他基因工程，

---

① Pramod K. Nayar, *Posthumanism*, Cambridge：Polity, 2014, p.11.
② 〔加〕达科·苏恩文：《科幻小说变形记》，丁素萍等译，安徽文艺出版社，2011，第4页。

让人们始终处于健康愉快的状态。然而，当人们不再拥有感知痛苦、希望、恐惧及挣扎的能力时，生命存在的意义也近乎消失了。

除了在小说中设想未来生物技术可能对人们生活带来的改善和破坏，人工智能是科幻作家们表达对"后人类"境况的担忧的另一大重要题材。威廉·吉布森（William Gibson）的《神经漫游者》（*Neuromancer*，1984）以人工智能为题材，为读者描述了一个科技高度发达的未来世界，其中对全球化的互联网络、虚拟现实和人机结合三大技术的预言已经在今天得以实现。当然，吉布森在其作品中也通过探索高科技社会中边缘人群的生存与反抗为科技时代的人类提出了警示。马吉·皮尔斯（Marge Piercy）的《他，她和它》（*He*，*She and It*，1991）则是讲述了一个科学家塑造的赛博人（人机合成）在人类的训练下获得真情感并与人类相恋的故事。遗憾的是，这段感情最终由于无法逾越的人类与机械的意识鸿沟而宣告失败，寓意人机合成的局限性。

与以上通过预设紧密贴合现代科技发展的新人类及新技术景观来表达对后人类境况的担忧不同，厄休拉·勒奎恩（Ursula K. Le Guin，1929~2018）以其特有的人类学眼光，通过塑造不一样的"非人"形象，在科幻世界的异时空旅行中，呈现对"何以为人""何以为完人"的思考，并对"人类之后，人应为何"的问题提供一种后人类反思，体现出极具哲学价值的后人类思想。厄休拉·勒奎恩是美国当代著名的科幻奇幻大师，被文学评论家哈罗德·布鲁姆（Harold Bloom）盛赞为当代幻想文学典范，称赞其想象力丰富、风格上乘，超越了托尔金，远胜于多丽丝·莱辛，具有非同一般的研究价值。勒奎恩一生出版长篇小说 22 部、短篇小说 100 余篇，多次获得雨果奖、星云奖等世界重量级科幻奖项及多项终生成就奖，并于 2014 年获得美国文学杰出贡献奖。其代表作《黑暗的左手》（1969）、《地海传奇六部曲》（1968~2001）、《天钧》（1971）、《一无所有》（1974）、《永远回家》（1985）以及她历经 40 年翻译的中国古典文学典籍《道德经》，以科学幻想之道大胆呈现后人类景观，映射出现世存在的问题并给以警示及建议。

勒奎恩的作品充满了对"后人类"的思考。她的《一无所有》（*The Dispossessed*：*An Ambiguous Utopia*，1974）是科幻小说中里程碑一般的经典乌托邦小说。与《黑暗的左手》类似，两部小说都选取了一位星际旅行者前往他者星球探索并寻找不同文明之间的交流渠道。在她的虚拟星际旅行叙事中，勒奎恩用采风、观察或是生命内省的人类学方法，通过星际旅行者的记录，想象了后人类旅行者如何在一个全球化的生物技术时代，通过对西方关于本体论的先入之见的彻底反思，开始发展出一种更具世界性的多元的、包容的理解。在最近出版的短篇故事集《变化的位面》（*Changing Planes*，2003）中，勒奎恩同样以"位面旅行者"为观察媒介，通过位面旅行的方式向读者讲述多个基因技术改造成的"后人类"悲剧。但小说启示录似的思考，并没有完全否定当代"技科学"的优点，而是提出了精神性对技术的反向平衡作用，为后人类时代提供了一种走出困境的方法。①

三　模糊的"边界"——"后人类"主体之思

在厄休拉·勒奎恩的作品中，对于后人类的思考及后人类形象的塑造从男女性别的角度出发，开启了她富有独到见解及深刻哲理的"后人类"主体之思。1969 年出版的《黑暗的左手》同时获得星云奖和雨果奖两项世界科幻界大奖。在该作品中，勒奎恩虚构了一个名为 Gethen（冬星）的未来世界。冬星上条件恶劣，常年冰雪覆盖。勒奎恩创造了主人公"艾"——星际旅行者及使者的形象，运用人类学的方法，通过观察、思考及内省等方式记录了他在冬星上看到及经历的一切。其中最为独特之处在于冬星人的双性同体特征。在冬星，人的性周期一般为 26 天，其中 21或 22 天里，他们都是雌雄同体的双性人，而且处于性潜伏期（索慕期）。在第 22 或 23 天时，他们会进入发情期（克慕期），在此期间，单独一人或是跟一个不在克慕期的人在一起，都是不会有性交能力的。在此期间，两个克慕期的人会相应地转变为完全的男性或女性，直到克慕高潮期（2～5 天）结束，他们又会各自回到雌雄同体的状态。②

---

① 程静：《"技科学"语境下的后人类之痛》，《南华大学学报》2014 年第 6 期。
② Le Guin, Ursula K., *The Left Hand of Darkness*, London：Orbit, 1969, pp. 72 – 73.

　　同样是基于对主体性别特征的思考和重构，弗吉尼亚·伍尔夫在其作品《奥兰多》（*Orlando：a Biography*，1928）中，讲述了主人公贵族公子奥兰多在沉睡多日之后从男性变为女儿身，因为融合了男女双重性格而实现了人生的价值，度过了充实而完满的一生。该部作品反映出作者伍尔夫作为 20 世纪 60 年代结构主义女性主义的一员，以文学创作的方式对性别二元论进行的反思及修正。马吉·皮尔斯的《他，她和它》中，女科学家马尔卡以"双性同体"的方案为原本强健、智慧的白人男性智能人注入了女性特征，从而成功地塑造了刚柔并济的智能人形象——尧德，创造了更加完美的"生命体"，小说试图通过这种形式来突出女性特征在人类主体之中扮演的重要角色，声讨传统父权制下对女性的歧视。不难看出，诸如此类的角色都是建立在强烈的女性主义思潮下，女权主义者们为了强调女性权利和提高女性地位而设计的人物形象。但是，在此类故事中，作者笔下的女性性别特征仍然是被当作父权制下的"他者"而生硬地添置于男性人物特征之上的。即便有部分作品参照"雌雄同体"或"单性繁殖"的神话原型思想对新的性别进行塑造，也是将男女性别特征不加修饰地拼接成一个整体，而将性别作为"人"与"非人"之间最具创见的探讨，还是要数勒奎恩的《黑暗的左手》。①

　　勒奎恩在该部作品中对冬星人性别特征的设计巧妙而谨慎。冬星人虽然都是双性同体的人，但他们各自以独立的个体而存在，发情期时的雄性或雌性激素分泌的多少决定他们会在此期间变成彻底的男人还是女人。这样的设计一方面消除了人类性别的确定性和固有性，另一方面又保留了个体体验和拥有男性或女性经验的全部过程。"毕竟，人体是有性别之分的。人们清楚地知道这种两性差别不仅仅是躯体的，而且也是精神空虚的范例。女性感到缺男性的，男性感到缺女性的。不然，在一个人的性欲念中怎么往往会有异性的和从他没有的东西中产生的激情呢？"② 勒奎恩正是深刻认识到了性别之间的互为需求关系，塑造并精心安排了冬星上双性人的独特体征。

① Keith N. Hull, "What is Human? Ursula Le Guin and Science Fiction's Great Theme", *Modern Fiction Studies*, Johns Hopkins University Press. Jan. 1986, 32（1）, p.70.
② 〔法〕让-弗朗索瓦·利奥塔：《非人——时间漫谈》，罗国祥译，商务印书馆，2000，第21页。

（一）二元对立的消解

早在古希腊时期，人们就用二元理论来解释世界的形态，明暗、善恶、阴阳、生死、男女等构成传统的机械论世界观。而勒奎恩塑造的双性同体的冬星人则展现出二元以外的另一种整体的、无限的可能。在勒奎恩笔下，冬星上的人没有确定的性别。"我们发现，在冬星，人类思维中普遍存在的二元论倾向已经被弱化、被转变了。"① 性别的交替不定消解了传统性别观中的二元对立关系，同时又给人物继续成为纯粹的男人或女人的机会。勒奎恩一方面通过对冬星人双性同体的改造而消解"性别"这一人与人之间最大的不同，从而启发人们思考去"性别"之后，人类的思想、行为以及生存方式会有什么样的改变。另一方面又保留男女各自体验不同性别特征的可能，并未像其他作家作品中将人类彻底改造成男人或者女人，或者性别固定的雌雄同体的人物。这样的安排不仅体现出勒奎恩对于人类性别差异的尊重，还体现出她基于人类学视角的思考，为男性和女性都提供了互为"他者"的可能，展现出她独特的"后人类"性别观。

"除了纯粹的生理形式与功能之外，男女之间在性格、能力、天赋、心理等方面究竟有没有差别？如果有，是什么？"② 这是勒奎恩在其思想实验中最想要得到的答案。勒奎恩对"艾"的内心活动的细致刻画，也暗示了人类对于非人类从排斥、鄙视，到理解、接受并逐渐欣赏的过程。在二元对立被消解的情况下，勒奎恩重新定义了"后人类"作为男人和女人共同分享的集合。在她看来，在全球化进程日益加深的今天，人们之间由于种族、文化、阶级等差异而产生的距离在逐渐缩小，性别的二元对立于是成为人与人之间本质的区别，也成为引起诸如战争、掠夺等一切矛盾的根源。因此，消除性别的二元对立，有助于让人们清楚地看到男人与女人的共性和个性。

（二）中心权威的消解

在勒奎恩消解性别的思想实验中，剩下的是一种融合的、流变的、交

---

① Le Guin, Ursula K. *The Left Hand of Darkness*, London：Orbit, 1969, p. 76.
② Le Guin. Ursula K. , *Dancing at the Edge of the World*, New York：Grove Press, 1988, p. 10.

替的性别轮换，暗示了中心、纽带和人类自主性的消融及权威的消解。人类的持续的性能力是他们区别于其他哺乳动物的明显特征之一。与普通的人类不一样，冬星上的人没有持续的性能力。相反，他们更像是动物，具有周期性的发情期。很明显，这样的人应该从性别特征上被定义为"非人"。这种独有的性别特征使小说中的人物角色区别于现世中的人类。

勒奎恩用国王的双性同体身份及其怀孕的事实直指传统的男权政治体系，试图建立一种"政治与性别无关"的"后人类"思想。她从死亡政治学的角度阐释了她消解性别以消解权威的构思。在《黑暗的左手》中，她多次提到冬星上严禁自杀和没有战争两条戒律，正是对后人类时代人们的人性遭到抹灭，通过战争或强权肆意摧毁生命的行为的严厉谴责。勒奎恩在其作品中苦心经营"后人类"主体的性别特征，试图重新唤醒人类特有的"人性"与"人道"，通过对"死"的重视，提醒人们对有限生命的重视，迫使人们去关切自身的生存意义。"在冬星是不会有战争的。争执、谋杀、世仇、劫掠、宿怨、暗杀、酷刑以及仇恨之类的东西这里都有，但都不会发展成战争。"[1] 勒奎恩在此对人类中心主义以及人性的傲慢提出了批判，进一步强调了"后人类"主体意义建构的重要性。

(三) 尊重物种之间的差异

勒奎恩的小说给我们传递了这样的信息："人类是比我们的普通经验所见更加广阔和深远的实体，所以，关于人的定义需要随着我们经验的拓宽而不断地延展。"[2] 在技术高度发展的今天，人类—技术相互关系的本质已经朝着我们的性别、种族、物种之间疆界的模糊化发展。[3] 旅行者"艾"将其负有的"星球结盟"的使命视为自己最重要的人生追求。物种边界的消解破除了文化及物种自身的差异带来的隔阂。在全球化已经不再陌生的今天，接受差异才能求得发展。小说中，"艾"与"伊斯特拉凡"的友谊就充分体现了勒奎恩精心安排的这种物种之间边界的模糊性和包容性。他

① Le Guin, Ursula K. *The Left Hand of Darkness*, London: Orbit, 1969, p. 39.
② Keith N. Hull, "What is Human? Ursula Le Guin and Science Fiction's Great Theme", *Modern Fiction Studies*, Johns Hopkins University Press. Jan. 1986, 32 (1), p. 71.
③ 〔意〕罗西·布拉依多蒂：《后人类》，宋根成译，河南大学出版社，2015，第160页。

们在共同经历了政治风波、流放等事故，共同穿越火山及冰原以后，打破了彼此文化及生理上的界限及差异，建立了坚固的友谊，成为彼此尊重的朋友。

在冬星上，由于性别的消解，人们对于自己与其他事物之间的差异不再敏感，他们更多地关注彼此之间的相似性和关联性。勒奎恩所表达的对后人类时代人类主体的思考类似于奥克塔维亚·巴特勒的科幻小说《雏鸟》。巴特勒通过对吸血鬼进行基因改造，最终打破物种界限的故事，提倡物种的世界大同主义，主张后人类应该接受多物种的交融并对不同物种的身份负责。

如果我们回头想想古希腊神话传说及雕塑中诸多人与动物形象的结合，不难看出，在很早以前人们就企图通过这样的结合来破除男女性别的缺陷，造就一种流变的、交替的主体形式。勒奎恩在其作品中将人与非人（动物）的特征相结合，使人具有更加完满的人性，同样也体现出她独特的后人类主体之思。

四　结语

在人类迈入第三个千年之际，人工智能、生物技术、基因工程等日益成熟的现代科学让人类主体拥有了享受各种改造和升级的机会，人类可以借助科技而生活得更加健康、富足。然而，人们并不是满心欢喜地期待着"后人类"时代的到来，而是怀着恐惧与焦虑质疑人类的未来。"科幻是对各种症候的形象化，这些症候代表的是对被压抑的、多元的后人类可能性的欲求和担忧。"[1] 区别于目前大多数科幻作家从数学、物理学和生物科学或工程学等科技植入的方法入手对后人类进行探讨的探索，勒奎恩描述自己的科幻作品写作是基于社会科学、心理学和人类学、历史学的知识建构之上的。[2] 她怀着对时代的担忧，通过在小说中安排人类主体到非人类主体世界的旅行，遇见、观察并省思"去性别"后的人类，流露出在全球化

[1] Stefan Herbrechter, *Posthumanism: A Critical Analysis*, London: Bloomsbury, 2013, p. 118.
[2] Le Guin, Ursula K., *The Language of the Night: Essays on Fantasy and Science Fiction*, New York: Berkley, 1982, p. 12.

科技时代对"人类中心主义"的反思，进而引导人类对生命本体更具包容性、多元性的理解。勒奎恩的作品为后人类时代人类主体的建构提供了人性化的参考，呼吁我们建立一种流变的、包容的后人类主体意识。正如小说《黑暗的左手》中的诗句：

> 光明是黑暗的左手，
> 黑暗是光明的右手。
> 生死归一，
> 如相拥而卧的恋人，
> 如紧握的双手，
> 如终点与旅途。[1]

---

① Le Guin, Ursula K. *The Left Hand of Darkness*, London: Orbit, 1969, p. 190.

文学与人类学

中西文化大传统理论的比较研究

胡建升 *

摘要：欧美人类学家提出的 Great Tradition 是西方文字中心主义、意识中心主义、精英文化主义的具体表现。在新世纪之初，文学人类学提出 Big Tradition 的文化理论，全新改造了欧美人类学家的 Great Tradition，彰显了史前无文字时期的华夏智慧与文化源头，重视以史前之物为实证的隐蔽秩序与文化文本，强调史前人类文化的神话原型与文化结构功能，对重新发现华夏文明精神具有本土知识引领作用。

关键词：文学人类学　Big Tradition　Great Tradition　文化文本

美国人类学家罗伯特·雷德菲尔德在 1956 年出版了《乡村社会和文化：走进文明的人类学方法》，在此书中，他提出了欧美文化的大小传统理论（Great Tradition and Little Tradition）。其 Great Tradition 指代哲学家、神学家和文学家在学校与寺庙之中传播的文字书写传统，是小众文人的反思传统。其 Little Tradition 指代乡民在乡村流行的口头文化传统，是大部分乡民的非反思传统。[1] 近年来，叶舒宪对欧美人类学家的大小传统作了全新的文化改造，其云："有必要从反方向上改造雷德菲尔德的概念，按照符号学的分类指标来重新审视文化传统，将由汉字编码的文化传统叫作小传统，把前文字时代的文化传统视为大传统。"[2] 文学人类学的大传统（Big Tradition）是指史前无文字时代的文化传统，其小传统是指文字出现以后的文化传统。

---

* 胡建升，上海交通大学人文学院副教授，研究方向为文学人类学。

① Robert Redfield, *Peasant Society and Culture: an Anthropological Approach to Civilization*, Chicago: the University of Chicago Press, 1956, p. 70.

② 叶舒宪：《中国文化的大传统与小传统》，《党建》2010 年第 7 期。

中国文学人类学结合本土文化的精神特质，改造了西方学术界流行的 Great Tradition，提出了富有本土文化意义的 Big Tradition，对于重新发掘华夏文明起源与文化智慧具有不可限量的意义。在欧美文化 Great Tradition 的表述中，Great 具有"伟大""精英"的文化赞许意味，属于"high culture"（高等文化，与之相对的是 low culture 低等文化）、"classic culture"（经典文化，与之相对的是 folk culture 民间文化）或"learned culture"（博学文化，与之相对的是 popular culture 流行文化）①，具有西方理性意识的二元对立判断意味。在文学人类学的 Big Tradition 中，Big 具有"无限""无有""极大""极久"等方面的文化意味，具有现代文化寻根、无意识统一的神话象征意味。两者之间，具有很大的文化差异，值得讨论。

一 Great Tradition 的文化自大情结：文字文本

雷德菲尔德用 Great Tradition 指代文字书写的文化传统，是 hierarchic culture（等级文化，与之相对的是 lay culture 混沌文化）②，充满对史后精英文化的肯定与期许，很容易形成精英文化与世俗文化的二元结构对立。在《汉代循吏与文化传播》一文中，余英时接受了美国人类学家的文化大小传统观念，其云："在五十年代以后，人类学家雷德斐（Robert Red-field）的大传统（Great Tradition）与小传统（Little Tradition）之说曾经风行一时，至今尚未完全消失。不过在最近的西方史学界，精英文化（Elite Culture）与通俗文化（Popular Culture）观念已大有取而代之的趋势。名词尽管不同，实质的分别却不甚大。大体来说，大传统或精英文化是属于上层知识阶级的，而小传统或通俗文化则属于没有受过正式教育的一般人民。……中国文化很早出现了'雅'和'俗'的两个层次，恰好相当于上述的大、小传统或两种文化的分野。"③ 余英时将欧美人类学家的大小传统

---

① Robert Redfield, *Peasant Society and Culture: an Anthropological Approach to Civilization*, Chicago: the University of Chicago Press, 1956, p. 70.
② Robert Redfield, *Peasant Society and Culture: an Anthropological Approach to Civilization*, Chicago: the University of Chicago Press, 1956, p. 70.
③ 余英时：《汉代循吏与文化传播》，《士与中国文化》，上海人民出版社，2003，第 117 ~ 118 页。

机械地移植在汉代士人文化之中，将其直接转换为"雅文化"与"俗文化"两个文化层次，突出了精英文化的优越性与高等性，将小传统贬谪为"没有受过正式教育"的民间俗文化传统。通过文化传统概念的机械转移，他也将欧美人类学的文化偏见直接引入汉代士人文化的讨论之中。

在此，我们结合中国学者运用 Great Tradition 的文化阐释，来总括 Great Tradition 的文化表征。具体说来，其文化表征主要体现在以下几个方面。

Great Tradition 的时间指向倾向于人类史后的时间维度。作为经验直觉的时间存在，有着过去、现在、未来的持存性与延续性，尤其作为自然时间的历史延绵，后来的时间存在不仅从前面的时间之中产生延伸出来，而且将曾经的历史经验与生命能量也转化为现在的时间存在，在历史时间存在的过去、现在与未来之间，并不存在生命能量的文化差异。如果将史后的文化传统称为 Great Tradition，在时间维度上，就会过分放大史后时间的生命存在与能量价值，就很容易导致对生命原初时间与生命能量的忽略与排斥，从而造成时间历程的文化冲突。将 Great Tradition 的时间观念移植到东方文化阐释中，就会将史后的人文价值作为华夏文化的起源时间。如戴茂堂在《中国传统价值观念的基本结构与当代建构》中云："中国价值观念的大传统发端于夏商周三代，形成于春秋战国时期。这一时期流派迭出，学术繁荣，百家争鸣，奠定了中国价值观念大传统的基础。"[1] 他将夏商周三代以后的文化传统，尤其是春秋战国时期的文化传统当成华夏文化的大传统，彰显了史后轴心时代的文化价值，这种大传统的文化判断会误导学人，使人片面认为，史后的精英文化才是华夏精神价值的原初所在，而这种西方文化大传统观念的历史时间局限，恰恰成为工业文明时代文化危机的症结所在。

Great Tradition 的表述载体形式直接指向了文字文本。字的发明是人类文化的一大创造，体现了人类文明与文化的巨大进步，但是如果过分夸大文字的奇效作用，就会忽略在文字发明之前，人类已经存在极为久远的口

---

[1] 戴茂堂：《中国传统价值观念的基本结构与当代建构》，黑龙江教育出版社，2016，第14 页。

传说话历史，在这段久远的口传文化历程中，人类已经通过各种表述形式创造了自身文化的独特精神。人类发明了文字符号，并非意味着人类的文化精神就彻底抛弃了无文字时期的精神遗产。后起的作为载体形式的文字符号，起初只是作为辅助性的传播工具，的确为人类文化的记忆与保存发挥了积极的作用，但是文字作为有形存在之物，它天生就与无形的文化精神是相背离的。用文字形式作为无形精神的替代之物，它就始终以有形存在之物的方式，站在了无形精神的前面，展示出文字文本的绝对优先性。这种有形之物的优先性意味着，文字具有一种天生的两面性：一是作为无形精神的替代之物，二是作为无形精神的取代之物。作为前者的文字形式依旧是无形精神的辅助性存在形式，作为后者的文字形式就不甘于成为他者的辅助形式，而是要以自身的有形存在来取代无形精神的优先存在。可见，文字文本作为一种表述的载体形式，文字的符号意义就可能会遮蔽作为象征意义的文字功能。学术界机械移植西方文化的 Great Tradition，也会将文字自大的文化情结移植过来，造成对华夏文化的片面理解。戴茂堂在《中国传统价值观念的基本结构与当代建构》中云："中国传统价值观念之层级差别体现为中国价值观念的大传统与小传统之分。其中，中国价值观念的大传统是指经过思想家加工定型后用文字表达出来的、为统治者所倡导的、作为社会主流的价值观念，它对应于中国传统社会的思想阶层和统治阶层；而中国价值观念的小传统是指不定型的、以口头相传等方式表达出来的、作为潜意识在民间流行的社会心理和风俗习惯，它对应于中国传统社会的贫苦大众阶层。"[1] 他以文字作为中国传统价值的文化大传统，将口头相传定为小传统，尤其将大传统限制在"统治者"所倡导的文字文本与意识形态之中，极不利于发现华夏传统文化的根本精神，尤其容易忽视华夏文化重视人民、尊重人民的文化本位观念。

Great Tradition 的文化主体主要集中在精英层面。精英文化的主体成员有哲学家、神学家、文学家、理论家等，他们以识字为文化基础，以读书为文化身份，形成了一个以书写文本为中心的文化集团。这个以书写为技

---

[1] 戴茂堂：《中国传统价值观念的基本结构与当代建构》，黑龙江教育出版社，2016，第13页。

艺的文化集团，重视书写符号的有形存在，强调书写知识的重要性，相对于那种没有书写文本的口传文化，天生就抱有一种优越感，他们对其他的非文字的文化表述形式抱有一种视而不见的贬斥态度，这种文字自大与傲慢的文化态度就自然会形成知识阶层的分层与分裂，尤其会导致文字载体形式对其他表述形式的拒绝与否认，一种文字文本中心主义的价值观念就会得到极度夸大。戴茂堂在《中国传统价值观念的基本结构与当代建构》云："主张中国价值观念大传统的人骨子里往往趋向小传统，而主张中国价值观念小传统的人实际上却又无时无刻不流露出对大传统的敬仰与认同。"① 他认为，精英文化是社会文化的核心，在社会中具有重大的价值引领作用，体现出了精英文化的自大与狂妄，这种文化片面态度忘记了华夏文化真正的精英传统始终都是扎根民众的，而不是让民众唯精英文化是瞻。

　　Great Tradition 的文化精神过分强调人类的意识意义。人类心理是从无意识逐渐发现意识之光的，从一开始，人类极度沉浸在无意识之中，产生了对无意识黑暗的恐惧情结，同时，随着人类理性意识的浮现，人类就利用一切可以利用的文化手段来维护意识理性的微弱光明，理性意识逐渐成为人类心理的积极能量，无意识成为人类心理的阴影，意识理性总是表现出压抑、排挤无意识的存在。但人类意识天生就是从无意识之中产生的，意识理性的光明只有在无意识的无尽混沌中，才能显现出自身本能的光明，所以意识尖角的光明始终都是在无意识之中才能体现出来，才能获得无意识混沌之中源源不断、无尽能量的传输与保障。如果因为片面强调人类意识的重要性，而导致极大忽略意识理性的根源问题，就会导致人类心理根部与枝叶之间的隔离与断层，也会导致人类意识的狭隘偏见。在 Great Tradition 这种意识自大的文化价值基础上，也很容易产生一种唯意识论的大传统文化幻觉。蒲娇在《民间庙会稳态性研究》中云："大传统在国家体制、官僚组织等社会秩序及伦理道德的关系方面十分注重，并对分辨儒释道的派别及产生源流等问题非常严谨。但在小传统乡民的世界中，他们并不能按大传统的意图来理解这种复杂体系。当然，这不能妨碍他们用

---

① 戴茂堂：《中国传统价值观念的基本结构与当代建构》，黑龙江教育出版社，2016，第36页。

自己的方式表现出来，或许这种方式只是一种狭隘世观的体现。"① 在欧美大小传统观念的支撑下，作者将中国社会的儒释道文化定为大传统，将乡民的文化世界定为小传统，并认为大传统的品格在于"严谨"，而小传统的方式极为"狭隘"。这种唯意识形态的大传统观念表现得极为明显。

由于欧美人类学家所提倡的 Great Tradition 过分倚重文字书写，强调人类精英的意识理性，就自然会排斥人类其他的各种表述形式，极大地缩小了人类精神世界的相关阈限，也会扭曲华夏文化精神的合理结构，形成文字中心主义、理性中心主义与精英中心主义的文化不足。只有摆脱欧美人类学 Great Tradition 的狭隘视野与唯理思维模式，才能积极拓展人类知识生产的文化新视野与发生新模式，文学人类学有鉴于此，结合华夏本土文化的质性特征，提出了全新的 Big Tradition 理论。

二　Big Tradition 的文化再启航：文化文本

中国文学人类学经历三十余年的本土文化破译以及华夏文明探源，牢牢把握住了华夏文化精神的生成质性与延续模式，结合符号学的生成传播结构，适时提出了 Big Tradition 的文化理论，既突破了西方人类学家理性认知中心主义的文化拘囿，又彰显了史前无文字时期的文化原型意义，重视从无文字时期到文字时期的文化传播价值。文学人类学的 Big Tradition 文化理论主要表现在以下几个方面的文化转型。

Big Tradition 的时间重心指向史前历史。人类史前时期的宇宙起源、人类起源的时间临界点是可以无限拉伸的，Big Tradition 与 Big History 具有异曲同工之妙，史前时间的长度与厚度成为 Big Tradition 与 Big History 关注的文化重心。当史前时间成为文化研究的重心时，人类的史前存在与文化遗存问题就开始成为史后文化研究的基础价值。只有揭开史前文化的谜底，才能梳理史后文字文本的生成条件，并重译史后文字书写的原初编码。人类存在的时间观念，就由 Great Tradition 的发展时态，变为过去、现在与未来的交融时态。过去可以为现在、未来提供一种知识的预期可能，

---

① 蒲娇：《民间庙会稳态性研究：以天津皇会为例》，中国文史出版社，2016，第124页。

过去就能在人类集体命运中发挥重要的指导作用，现在与未来都是过去经验的文化积淀。

Big Tradition 的表述载体形式由文字文本转向了文化文本。从发生时间来看，史前文化文本是史前无文字时期的人类表述形式，它先于文字文本而优先存在，史前文化文本的优先条件性决定了文化文本作为史后文字文本的意义基底存在。文化文本的重心在于探讨文化精神，文本形式不过是依附于文化精神的表层载体，文化精神成为文本形式的核心根据。与文化文本的物质意象形式优先相比，文字文本是以文字形式作为优先条件的，两者之间存在很大不同。文字文本在文字替代的过程中，就开始出现文字霸权的权力关系问题。首先，文化文本是对文字文本的形式解构，这种形式解构行为不是对文字形式的完全抛弃，而是一种暂时的扬弃。通过先扬弃文字文本，才能获得建构起文化文本及其原初意义的机会，才能有效地释放出被文字文本所压抑的、处于潜藏状态的文化精神。其次，文化文本是对原初精神意义的文化建构，重点彰显人类原初文化的精神存在与理念现象。叶舒宪在《中国文化的大传统》一文中认为："再造'大传统'概念，针对的就是认为文字创造了历史、无文字就无历史的传统偏见。我们承认文字历史只是小传统的历史，要看到前文字时代更加深远的历史，则需要探寻大传统的存在。"[1] 其《中国文化的大传统与小传统》又云："不突破文字小传统的成见束缚，就难以看到大传统的真实存在。"[2] 史前文化文本是前文字时代的物质图像表述形式，Big Tradition 是以破除文字偏见为起点，然后利用前历史时代的物质物象意义，来重新启航文字书写的小传统文化。

Big Tradition 的表述主体主要是原型主体。原型主体与一般意义的意识主体不同。原型主体是通达了人类心灵的原型状态的主体，而一般意义的意识主体主要是理性主体，即遮蔽了原型主体的理性主体。主体意识是人类理性的心理表征，人类理性极大地张扬了个人的主体价值，膨胀了人的意念欲望，人类理性重视主客之间的分别，始终将主体之人作为宇宙的中

---

[1] 叶舒宪：《中华文化的大传统》，《中华文明探源的神话学研究》，社会科学文献出版社，2015，第 101 页。

[2] 叶舒宪：《中华文化的大传统与小传统》，《图说中华文明发生史》，南方日报出版社，2015，第 9 页。

心，就忘记了自然宇宙的生命价值，也遮蔽了在客体之上的原型意象。原型主体尽管还是人的存在，但不是人的工业理性存在，而是人类童年时期的无意识到意识的过渡阶段，是无意识－意识的整体交融状态，原型主体的主要特征是"神人合一"。"神性"指代人类心灵的无意识状态，是人性的文化基底与行动根据，"人性"指代人类无意识之中发出的意识之光，以"神性"之光为心理基础，人性意识的发展是从神性中获得了原初的能量支撑。结合华夏文化的精神价值，原型主体就是一种"真人""至人""神人""圣人"的心性结构与本真存在，承载着厚实混沌的文化基底，与一般意义的理性主体存在很大差异。叶舒宪在《中国文化的大传统与小传统》中云："中国8000年就开启了'玉器时代'，圣人也正是在这个大传统中的产物。"① "圣人"就是原型主体在世界之中的个体表现。其《从玉教神话观看儒道思想的巫术根源》云："儒道两家所出现的春秋时代显然属于汉字使用后近千年的文化小传统。分析儒道两家创始人老子和孔子的言论，有望找出在分歧对立表象后面的同源同根特性：圣人（圣王）崇拜与圣物（玉石）崇拜。圣人与圣物的对应现象由来已久，大约要比老子和孔子生活的时代早2000多年。"② "圣人"是原型主体，"圣物"是原型客体，是原型主体的无意识状态在客体层面的投射结果，"圣人"与"圣物"都是具有一定神秘质性与意象形态的有形载体，强调的都是主客浑然一体的整体结构。

Big Tradition 极为重视神话原型的文化意义。人类理性的综合判断是依据人类理性而进行的推理与演绎，过分倚重和张扬人类理性的统觉整合作用，这种理性中心主义的最终认知结果就经常会呈现出理性统一与经验事实的实际背离。神话原型的文化意义也离不开人类心理的统觉作用，但是这种文化统觉不是纯粹理性统觉，而是直观想象的投射统觉，是一种直觉经验与心理无意识的有机结合，是自身集体无意识的生命能量与自然客体世界的神明幽灵之间的一拍即合，或称之为目击道存式的统觉作用。神话

① 叶舒宪：《中国文化的大传统与小传统》，《图说中华文明发生史》，南方日报出版社，2015，第11页。
② 叶舒宪：《从玉教神话观看儒道思想的巫术根源》，《金枝玉叶：比较神话学的中国视角》，复旦大学出版社，2012，第123页。

原型一方面依靠人类的直观统觉作用，借助对象的有形形式，生产并获得一种神话意象。另一方面它又是集体表象与神明参与的直观统觉，两者自然融合，我们很难分清主体与客体、意象与对象、心理与世界之间的明显界限。正是神话原型的有机融合，才可以避免人类理性的片面自大，同时，又可以沟通人类心灵的集体无意识与宇宙世界的幽灵神明之间的同步同质同位关系，既是神秘渗透的结果，也是内外贯通的统一，是一种现代科学产生之前的"大科学"状态。发掘并阐释这种"大科学"的文化状态与集体想象，才是 Big Tradition 的关注重点与文化贡献。

三 Big Tradition 的原型编码：史前原型对神话历史的再建构

文学人类学提出 Big Tradition 的文化理论，直面了华夏文化发生的最初源头，将人类理性的反思推向了理性萌发之初的临界点。叶舒宪在《中国文化的大传统》中云："从文明史的角度判断中国文化的大传统与小传统，有一个容易辨识的基本分界，那就是汉字书写系统的有无。如此以符号分类为标准的划分，将有助于当今知识人跳出小传统熏陶所造成的认知局限，充分意识到传统是历史延续性与断裂性的统一，并由此透过文字小传统的习惯性遮蔽，洞悉文化大传统的原型编码作用。"① 文学人类学的 Big Tradition 将学术目标定位为发现和重建华夏大传统文化的原型编码，希望利用史前文化文本重讲中国故事，再建华夏文明早期的神话历史。

Big Tradition 重视史前无文字时期的文化传统与文脉精神，将文化意义的追寻诉求于出土的史前文化之物。百余年来，考古学的迅速发展，使文化研究获得了大量的以文化遗址与史前遗物为主体的文化文本，这些考古出土的新材料极大丰富了史前人类的历史文化，也为 Big Tradition 的神话历史建构提供了新的可能性。

考古出土的史前之物成为 Big Tradition 重新认知华夏史前文明与文化

---

① 叶舒宪：《中国文化的大传统》，《中华文明探源的神话学研究》，社会科学文献出版社，2015，第 101 页。

精神的首要证据，也是文学人类学重审华夏文明起源的新起点。一方面大量史书中没有记载的历史事实开始浮出水面，如史前玉石神话、良渚神徽、神木石峁古国、三星堆青铜文化，都将成为 Big Tradition 文化理论开疆拓土的重点，也为建构史前文化文本的原初意义提供全新的出土实物证据。另一方面传世文献中关于史前历史文化的零星记载，在考古出土的遗物与遗迹中，也可以获得大量的新证据，依据出土的物质图像，结合口传文化、传世文献与出土文献，综合考察，整体释古，大胆假设，小心求证，可以为解开史后文字书写的重重疑团提供新路径，这也将成为重译华夏文化精神与神话历史的新起点。在文学人类学倡导的四重证据中，物质图像证据虽然是最后提出的，却是最为重要的文化文本，成为最为有效的物质铁证，与口传证据、传世文献、出土文献等其他三重证据相比，具有物证如山、以物服人的优先意味。叶舒宪在《中国文化的大传统》中云："大传统的存在，需要借助非文字符号的研究和重构，主要的非文字符号来自考古学的实物发掘。"① 史前无文字时期，尽管华夏文明还没有发明文字符号，但华夏先民已经开始运用物质、物象的文化方式，表达与传播人类原初的心灵意象与文化意义。我们利用考古出土的史前实物与神话图像，可以重新打捞人类先民的原初思维与神话意象，并探究在这些神话意象背后所潜藏的人类心灵结构与神话原型。

Big Tradition 发现了华夏史前核心文化的神话基因与物质原型，即史前玉石神话信仰。玉器与玉礼器先于文字出现在史前文化时期，成为华夏早期文化的原初基因。叶舒宪将史前玉石文化的特殊形式以及玉石神话信仰称之为"玉教"。"玉教"的发现与提出，对于重新认知华夏文明起源具有重大的文化意义。"玉教"发端于距今 8000 多年的兴隆洼文化，随着史前玉教的神话信仰与物质符号在华夏文明的地理区域范围内四处传播，极大彰显了史前"玉教"的神话信仰在华夏史前文明中的核心地位。在距今 5000 年前后，从北方辽河流域的红山文化，到黄河流域的仰韶文化、龙山文化、齐家文化，再到南方长江流域的河姆渡文化、凌家滩文化、良渚文

---

① 叶舒宪：《中国文化的大传统》，《中华文明探源的神话学研究》，社会科学文献出版社，2015，第 101 页。

化等，玉器神话信仰是华夏文明在史前国家政治统一之前，就已经遍布了华夏文明的各个角落，表现出玉石文化统一中国的文化先声与信仰现象。可见，中国作为一个文化共同体，在史前文化的文明之初，就已经将华夏精神表现在玉石文化共同体的神话信仰之中，玉石神话信仰在史前中国的文化统一，就已经昭示了一个即将统一的华夏民族国家的政治可能。玉石神话信仰从史前到史后，都成为华夏文化精神中人心凝聚、族群建构和国家团结的核心符号与精神力量。

从史前遍地开花的玉石神话信仰中，我们就可以窥探出华夏史前精神的文化底蕴与基本价值，而这种玉石文化不是文字文本的符号形式存在，而是纯粹的无文字的物质符号与文化文本。这种以玉石物质为符号核心的文化文本，在文字文本出现之前，就已经建构起了华夏史前人类的心灵世界与文化价值的统一结构。史前玉石物质的文化文本，与儒家文字文本的"君子比德于玉"，以及道家文字文本的圣人"被褐怀玉"，都要早3000余年。从某种意义上说，史前玉石物质神话的文化文本才是华夏文化精神的根基所在，而道家与儒家对玉文化的文字文本书写，只能算是华夏史前神玉信仰在文字出现之后的金枝玉叶。

Big Tradition 不仅发现了史前玉石神话信仰的原型编码意义，同时，还依据玉石神话信仰的原型编码重新译解各种历史书写的意义编码，由此而提出了大传统的 N 级编码理论，强调史前原型编码在各个历史时期的历史贯通作用。

叶舒宪等在《文化符号学——大小传统新视野》一书的导论《N 级编码——文化的历史符号学——大小传统的整体再解读》中云："从大传统到小传统，可以按照时代的先后顺序，排列出 N 级的符号编码程序。无文字时代的文物与图像，有着文化意义的原型编码作用，可称为一级编码，主宰着这一编码的基本原则是神话思维。其次是汉字的形成，可称为二级编码或次级编码。……三级编码指早先用汉字书写下来的古代经典。……今日的作家写作，无疑是处在这一历史编码程序的顶端，我们统称之为 N 级编码。"①

---

① 叶舒宪、章米力、柳倩月编《文化符号学——大小传统新视野》，陕西师范大学出版总社有限公司，2013，第6~7页。

在 N 级编码理论中，史前的神话原型是一级编码，甲金文是二级编码，儒家经典与战国时期文献是三级编码，秦汉以后至现当代的各种书写文本属于 N 级编码。以前的学术界，由于过分重视各个历史阶段文化的推进演化，注重文本书写的异质特性，忽略了史前华夏文化的精神基底与神话原型。

文学人类学 Big Tradition 的 N 级编码犹如解开人类身体秘密的遗传基因一样，揭开了史前文化基因在文化传承延续中的稳定因素与遗传特性。原型编码的文化遗传从史前贯通于各个历史时期，具有不可限量的自然生命力。史前文化原型的基因作用以一种不可人控的神奇状态，体现在历史不同时期的各种书写文本中，尤其史前文化的基因编码也突显了华夏精神的原型同质与文脉血缘。

余论：Big Tradition 的诗意遐思

与自然科学的理性沉思不同，文学人类学的 Big Tradition 要开启的是人类文明之初的诗意遐思。在原初人类的诗意遐思之中，各种神话意象纷呈而出，姿态万千，任意组合，尽是奇幻之境，这种神话意象在考古出土文物中表现极为明显。

这种神话意象不是物质对象的机械模仿。外在的物质对象能够引发、刺激人的文化遐思，但是遐思意象却不是对象，而是在主体无意识之中就已经存在的文化遗产，它应时而出，应机而成。对象只是一个现实的事件机缘，它引发了初人的诗意遐思，令人浮想联翩，激发了人类心灵深处的幽眇之声。大音希声，大象无形。神话大象依附在对象之上，对象因此而获得了超越客体的幽灵存在。

这种神话意象不是语词的固态规则。语词的运动是一种人类理性元语法的声音之流。语词作为对象的替代之物，不是对象的科学表征，而是自身语法规则的叠床架屋。遐思意象与语法之中的语词之流不太一样，它没有固定的语法规则，也没有完整统一的语法成分，它只是一些不断从心灵深处跳跃而出的象征符号。当各种各样的象征意象以不知所措的形式蜂拥而出的时候，遐思主体只有沉醉的迷茫与不知所措的行动，却丝毫没有清醒的意识认知。象征意象对 Great Tradition 的语法规则具有全面解构的文化批判，它所呈现的是海面孤岛的起伏跌宕，呈现的是一幅充满诗意、幽深迷人的人文景象。

这种神话意象不是理性的逻辑思维。理性逻辑在零散浮动、浮光掠影的神话意象面前，表现出河伯初见大海般的"望洋兴叹"与无奈心情。理性意识的自大与傲慢，在没有涯际的大海面前，顿然消失得无影无踪，理性又一次回归到人类和平的心灵之中。当理性意识回归到诗意的神话遐思之中时，当小传统文字书写回归到人类大传统的心灵怀抱时，一股自然而涌的心田暖流将会洋溢而出，诗性生命又将勃发生机。理性之河，终归大海。Big Tradition 将工业文明的理性河伯纳入大海，百川归海，生命之水又在萌动，即将开启新的神话循环历程。

反思性实践：再论"文学人类学"的知识品格

梁　昭[*]

摘要："文学人类学"表面上的学科跨界，应从其根植的现代社会的特征和两个交叉学科的话语类型中加以理解。现代性的反思性特征，使文学人类学成为对既有问题域的反思性结构，旨在形成概念与实践互动的言述方式。而文学的虚构性让人得以从想象中越过自我边界，与实证性地把握异文化的人类学是异质而同构的话语类型。二者的结合平行而互补地推进了对人的诸种可能性的理解。

关键词：文学人类学　反思性实践　文学理论

"文学人类学"这一跨学科的研究范式在中国的出场，即伴随着对原有知识类型的反思。2018 年出版的《文学人类学研究》辑刊第一、二辑，"发刊词"和"特别专题：文学人类学四十年回眸"的专栏文章，都暗示了"文学人类学""与生俱来"的反思和批判性特征。其反思性，其一指向原有的单一性和固化的学科建制②；其二指向拘囿了意义阐释的原有方法和表述模式③；其三具有社会批评和主体反思的功能④。

---

* 梁昭，文学博士，四川大学教育部人文社科重点基地中国俗文化研究所研究人员，四川大学文学与新闻学院副教授，硕士生导师，研究方向为文学人类学、少数民族文学、比较文学。

② 叶舒宪、徐新建、彭兆荣：《发刊词》，徐新建主编《文学人类学研究》第一辑，社会科学文献出版社，2018。

③ 如萧兵谈到对中国传统文化进行"人类学破译"，庄孔韶提倡多元呈现田野经验，"以求从该族群社区获得多元信息和有益于文化理解与综观"。参见萧兵《四十年，惊鸿一瞥》；庄孔韶《人类学的文学脚步》。均载于徐新建主编《文学人类学研究》第一辑，社会科学文献出版社，2018。

④ 叶舒宪：《发刊词》；徐新建：《一己之见：中国文学人类学的四十年和一百年》。均载于徐新建主编《文学人类学研究》第一辑，社会科学文献出版社，2018。

经过四十年的发展，文学人类学在神话古史、多民族文学、非物质文化遗产研究方面积累了丰厚的研究成果，并持续向跨文化、跨国别比较和数字时代、人工智能等新话题领域敞开，展示了源源不断的活力。与此同时，全国各高校纷纷开设的文学人类学专业和文学人类学课程，则呼唤一种"规范论述"——期待解释"何为文学人类学"。

对此，尽管不止一部教程、一篇论文给出了描述性定义和研究史概述，——如叶舒宪在 2003 年出版的《文学与人类学——知识全球化时代的文学研究》基础上增补、修订的《文学人类学教程》①，以及徐新建在李伟昉、曹顺庆主编的《比较文学》教材里撰写的"文学人类学"章节②——却仍不能涵盖学科的全部内容，故常有学生从被遗漏处和边缘处再次发问。这恐怕是当今立足于反思整体结构的新兴交叉学科面临的同一问题：能说清自身"不是什么"，但无法说清"是什么"。

这类困惑，是否说明在现代学术生产语境中言说"某学科是什么"的不可能？是否以研究实践描述替代"下定义"是更合理的做法？又是否应当反省执着于求解"文学人类学是什么"的封闭式答案？本文尝试将上述问题置于现代社会"知识生产"的情境中来讨论，认为：对作为一种反思性的研究领域，不能仅从具体研究内容来考察学科的批判性或建构性，而应从其所根植的社会结构造就的知识动力来说明；对于"文学"与"人类学"的组合，也应从两个学科各自的理论议题，扩展到它们所内含的话语类型的同质和异质，由此来推进对文学人类学性质的理解。

——

从学科命名的构词方式看，与"文学人类学"类似的有：历史人类学、艺术人类学、音乐人类学、经济人类学、体育人类学……这些名称使人想起美国的"人类学四大分支"——考古人类学、体质/生物人类学、语言人类学和文化/社会人类学。不过"四大分支"更多反映的是早期结

---

① 叶舒宪：《文学人类学教程》，中国社会科学出版社，2010。
② 李伟昉、曹顺庆主编《比较文学》，北京师范大学出版社，2017，第 208～216 页，"文学人类学"。

合了实证性和具有自然科学学科特征的人类学的分类，其后彼此日渐分离，专以整体"文化"为对象、在实证研究的基础上进行人文阐释的"文化/社会人类学"独立为一科，即为我们今日惯常所说的"人类学"。而文学人类学、历史人类学、艺术人类学等，已然是独立为一科的"人类学"或"文化/社会人类学"，与文学、历史、艺术等各学科交叉融汇的结果。

对学界大量涌现的学科交叉或研究领域交叉的现象加以关注，便可知这是当代社会学术发展的主流。它们往往因分化的学科无力应对综合性"社会危机"而诞生，又或因无法从单一学科角度来解决新实践现象问题而产生。因此基于多学科方法而形成的学科交叉领域，多带有重省现存整体知识结构的特点。如文学人类学——

> 试图去除自现代文明以来或建构、或加深的文本中心主义、中原中心主义、大汉族主义，以图像、物、仪式、口传的叙事拓展乃至补充纯文字的叙事，激活丰富多彩的大传统信息，正确看待源与流的变迁，从多维角度再认识我们的历史、我们的现实以及我们自己，还原多族群文化共同书写的有情有色的神话中国本色。①

由此可见，文学人类学并非其构词看上去的那样，被理解为"文学"或"人类学"的学科分化，它不是从文学或人类学的"本源之树"之上分叉而生的次一级知识，不是对一类知识进行细枝末节的修补，而是全盘性的"还原"或"重建"。

此种知识建设的动力内在于现代性社会的反思性特征。安东尼·吉登斯认为"现代性的特征并不是为新事物而接受新事物，而是对整个反思性的认定"②；而现代性的反思性与传统社会的反思行为不同，则在于"它被引入系统的再生产的每一基础之内，致使思想和行动总是处在连续不断的彼此相互反映的过程之中"③。换言之，基于反思性的现代知识构成了实践

---

① 叶舒宪：《导论》，载叶舒宪主编《重述神话中国：文学人类学的文化文本论与证据间性视角》，上海交通大学出版社，2018，第1页。
② 〔英〕安东尼·吉登斯：《现代性的后果》，田禾译、黄平校，译林出版社，2007，第34页。
③ 〔英〕安东尼·吉登斯：《现代性的后果》，田禾译、黄平校，译林出版社，2007，第33~34页。

的一部分，与行动同构而相互塑造，构成了现代社会运行的基础。具体而言，吉登斯说，社会科学的话语、概念、理论和发现"不断地'循环穿梭'于它们所研究的对象之中"，"以此反思性地重新建构着自己的研究对象，研究对象自身也学会了用社会学方式思考"。① 吉登斯描述的现代社会和文化图景，是知识在反思自身概念和话语的基础上，广泛地进入社会生活，这使概念、话语和行动一起成为社会事实；再循环往复地被知识话语吸纳以及输入社会行动。在吉登斯这里，"反思性"是对思想、话语及其察看的对象一并保持"监测"的机制。

"文学人类学"正是基于现代性的反思性而形成的知识整合。其表层的"破学科"、"跨学科"、对被切割的知识进行批评、追求整体的"人的学问"——这一看似反专业化、反区隔化的诉求，恰是"对反思性自身的反思"，"是对整个反思性的认定"。因为文学人类学追求的知识、对象的整体性，区别于传统社会里在具体时空展开的意义网络，是抽离了既定时空和脱域化的、经由反思性概念所建构、整合的"新的知识"。正如匡宇在论述由文学人类学学者倡导的"多民族文学研究"时提到的，"通过多民族文学研究所搭建的知识生产–文化交流的场域，多元的对话和协商机制得以在其中得到运用和实践。"②

在此论域里，文学人类学的论述不是以文学也不是以人类学的学科知识为中心展开的。尽管文学人类学研究者们常常质疑主流文学学界偏爱的对作家的、书面的、虚构的文学的研究模式，也常常援引人类学的整体文化观、相对主义和实证方法来把握由符号和行动勾连起的日常生活实践，但文学人类学并不满足于对上述知识秩序进行修补、整理，也不把自己定位为关于某一领域的专门知识。在具体研究中，文学人类学学者们实则越过"文学""人类学"那隐约闪烁的知识边界，广泛借鉴了哲学、考古学、地理学、历史学、音乐学、戏剧学、美术学等多学科的材料、概念和方法，来创造对于人及其历史的新论述。因此，"文学 + 人类学"不是两个具体学科相似论域的重叠，也不能理解为它们的相互拓展；而应被看成由

① 〔英〕安东尼·吉登斯：《现代性的后果》，田禾译、黄平校，译林出版社，2007，第38页。
② 匡宇：《论多民族文学研究的公共性——及其边界与可能》，《中外文化与文论》2013年第2期。

既有问题域里生成的反思性结构，旨在形成与实践互动的言述方式。这代表了当今时代的知识状况。

二

"文学人类学"虽不是"文学"和"人类学"的机械组合，但毫无疑问，其生成于这两个学科特有的话语方式：某种"文学性"和"人类学性"的经验，为它们的走近提供了基础。

何为"文学性"，何为"人类学性"？福柯从知识认识论的角度，曾把这两者联系在一起。在他对西方人文科学进行"考古"的《词与物》的最后一章，他把人种学（即人类学①）理解为"走向那在人之外使得人凭借一种实证知识而知晓的一切，都走向那呈现给或逃避人的意识的一切"，它和精神分析学"贯穿了整个人文科学"，"在人文科学的整个表面上激活人文科学。"② 在此之后，福柯谈起了覆盖了人类学和精神分析两个维度的语言问题。其中，文学作为语言问题的特定形式被提出来——

> 致力于语言的文学就强调了处于强烈经验中的限定性的基本形式，从被体验和经历为语言的内部，在其趋向于极点的可能性的游戏中，所显现出来的，就是人"已终结"了，……似乎对语言中的限定性形式的这个体验不可能得到支撑，或者似乎这个体验是不充分的，这个体验是在癫狂内部体现出来的——限定性的形象就这样呈现在语言之中，但这个体验也是在语言之前的、先于语言的，如同语言能在其中解放自己的那个未定型的、寂静的和微不足道的区域。③

---

① 福柯的《词与物》同时使用了"人类学"和"人种学"两个名称。前者指的是康德"哲学人类学"意义上的"人类学"，后者指欧洲研究异文化的"人类学"，也就是本文所指的具有社会科学性质的人类学。为了论述方便，本文采用今天通行的学科名称，把福柯所说的"人种学"统称为"人类学"。
② 〔法〕米歇尔·福柯：《词与物：人文科学考古学》，莫伟民译，上海三联书店，2001，第495页。
③ 〔法〕米歇尔·福柯：《词与物：人文科学考古学》，莫伟民译，上海三联书店，2001，第502页。

这段话展示了科维所说的福柯的"激进的文学概念"①。福柯认为，对语言的限定性形式的体验，可以在超现实主义文学作品塑造的癫狂形象中看到。癫狂者、受折磨的肉体呐喊、呻吟的呓语不指物表意，产生了意义的断裂；这断裂意味着主体、语符、意义的同一性秩序受到颠覆，也意味着反思、其他可能性的产生。虚构性的文学在此被理解为可以表现先于语言的、体验语言限定性的语言形式。换句话说，在被当代认知型限定的话语形式中，文学仍能提供、孕育反思这种严密的话语形式的经验。

在此，人类学和文学以一种特别的方式被福柯联系起来，即两者都刻画了外在于主体、不由主体的视域决定的知识或形象。德国哲学家阿克塞尔·霍耐特认为，福柯赋予"与自己的文化疏离"的人类学在反思欧洲知识经验上的方法论地位，可能来自法国文学先锋派创造的剥离主体感觉的文学世界的启发。② 从"使人得以抽离自身的意义网络、得以从外在于自己文化规范来反观己身"的角度，（研究异文化的）人类学和（以法国 20 世纪先锋派为代表的）文学拥有了一致性。

这种一致性建立于两类不同的知识类型之上。一般而言，人类学是以实证的方式来把握世界，其用词语塑造的空间可被理解为与现实的人和世界相关。而文学则是用虚构和想象的方式来塑造世界，尤其在现代文学之后，文学进一步割裂了与现实的对应关系，有时呈现出自指式的语言游戏。如图 1 所示。

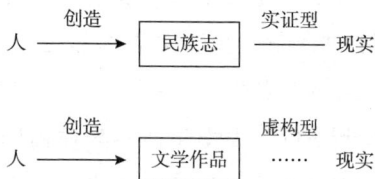

图 1 人类学与文学话语类型

---

① 科维（Arne Klawitter）《话语分析》，王歌译，豆瓣网，https：//www.douban.com/group/topic/49293786/？type＝rec，最后访问日期：2019 年 3 月 15 日。

② 〔德〕阿克塞尔·霍耐特：《权力的批判：批判社会理论反思的几个阶段》，童建挺译，上海人民出版社，2012，第 107 页。

这里的"实证型"是在福柯所说的"现代认识型"限定下的实证知识，是对作为生命、劳动、操弄符号的人的经验领域的规范性展现。而"虚构型"展现的是词语自身的秩序，时常是反经验的。实际上，无须现代语言学问题的清理，文学自古典时期以来"模仿""因感而发""再现"的，不是与现实对应的意义世界，而是亚里士多德所说的"可能的"世界。这个"可能的世界"追求自身的逻辑圆满。

在这个意义上，霍耐特解读到福柯暗示的人类学和文学的相似性，可以得到另一个角度的解读。文学所塑造的完整的"可能世界"（即便有的作品书写的是瞬间、断裂，但它们架构于作品刻意搭建的时空观，也是自身"完整的"），正如同人类学从整体性视野把握的"他者文化"，两者都让人越过自身界限，去体察自身规范之外的可能性、多元性。人类学提供的可能性在于它实证描述的异于"我"的那些文化，呈现了人的多种样态；文学提供的可能性存于自足的虚构文本中，呈现的是符合可能性逻辑的人的多种样态。前者通过认识、理解达到，后者通过想象、移情去体察。

文学提供的想象、审美、情感体验，很容易被理解为娱乐性的和无关紧要的。除了严肃地提出这种观点的人以外，反对这种观点却在研究中用散漫而陈旧的方式来谈论、解读文学作品的，也用实际上的行动维护它。美国的政治哲学学者玛莎·努斯鲍姆把文学阅读视为"全神贯注的想象和更超然的批判性反思的结合"，她论述了文学如何激发读者的畅想和理性情感，从而进行公共想象。① 这就是说，与人类学类似，文学同样可以作为公共思考、文化批评的媒介。基于文学作品之上的强有力的洞察和阐释，有助于实现文学应有的公共性。

总而言之，"文学性"和"人类学性"异质而同构。文学和人类学从不同的方面（实证的和虚构的，理性的和情感的）完善了关于人的诸种可能性的认识。

---

① 〔美〕玛莎·努斯鲍姆：《诗性正义：文学想象与公共生活》，丁晓东译，北京大学出版社，2010。

余　论

当代学术研究的范式是以具体案例为切口、以问题为导向的研究。然而教学和人才培养仍以依据种属划分的学科来进行。隶属于"文学"之下，与古代文学、外国文学、现当代文学等并列为二级学科的"文学人类学"究竟"是什么"，之所以成为选择它为"专业"的学生们关切的问题，是因为这不仅涉及学理，还关涉到他们的"身份认同"。

因此，回答文学人类学是什么的问题，成为吉登斯所说的那类具有反思性特征的实践。不仅要考虑前学术史的、学术史早期的学术研究，还要思考、检测不同的人在不同的时候阐述的定义，要理解提问者的动机，观察自己的讲述与他们的反馈的互动……概念、话语在生产它们自身的场域里穿梭，它们被阅读、被质疑、被修正，但无法被锚定。任何一个使用"文学人类学"的人在某种意义上说继承了到他为止"文学人类学"携带的意义——不管是真确的、笃定的，还是模糊的、断裂的，又以自己的方式给这个词语的领域增添了新的内容。本文试图描述的，就是"文学人类学"的动态过程。

从文学到文化

——文学人类学的跨界与超越

王　艳*

摘要： 从现代学术意义的视角来看，文学人类学作为一门学科的演进轨迹是"多元汇聚，道同而合"的双向交会，它拓展了文学研究的疆域，使文学不再囿于文本的狭隘天地，不管是以语言文字为载体的叙述文学还是以图像符号表述的"非语言"材料，人类学概念和方法的应用激活了原来的文本。从"文学和人类学"到"文学人类学"，从"文学文本"到"文化文本"，作为一门新兴的交叉学科，文学人类学在四十年间不断打破学科壁垒，扩展自身的学科边界。目前，文学人类学已经在借鉴、吸收、融合中西方理论的基础上，形成了自成一体的理论体系和方法论，它见证着跨学科研究趋势和研究范式的变革。

关键词： 文学人类学　文学文本　文化文本　跨学科　跨文化

一　西学东渐——文学的人类学转向

20世纪以来，在西学东渐的时代大潮下，人类学进入中国，对现代人文学术的建构起着至关重要的作用，承载和反映了整个人文学术的嬗变轨迹和发展方向。加拿大学者菲尔兰多·波亚托斯（Fernando Poyatos）把文学人类学称为"跨学科研究"，一种"经由"（through）文学而建立起来

项目基金：本文受国家民委中青年英才计划资助（〔2018〕98号），是国家社科基金西部项目"《格萨尔》史诗在多民族文化中的传播和影响研究"（17XZW041），国家民委民族研究项目"《格萨尔》史诗与中华民族共有精神家园建设研究"（2017－GMD－025）的阶段性研究成果。

* 王艳，文学博士，西北民族大学新闻传播学院副教授，中国社会科学院民族文学研究所在站博士后，研究方向为民俗学、文学人类学。

的"人类学与民族学科学",是以对不同文化之叙事文学的人类学式使用为基础的。① 不管是口传的还是文字的都可以当作"文学作品"来看待,比如小说、戏剧、编年史、游记等都可以作为分析和研究人类思想和行为的丰富资源。"文学人类学"是比较文学新兴的分支,即在全球化背景下,采用跨文化、跨学科的视角,用文化人类学的理论与方法来研究文学,而又以中外古今的文学材料来充实和推进传统的人类学研究。② 人类学的参与同样也为中国文学的研究提供了新的研究方法和研究思路,其特点可以概括为:

> 人类学与以往的社会科学的贵族化倾向针锋相对,更加关注所谓"精英文化"的对立面即"俗民文化"、"大众文化"和形形色色的"亚文化"群体,……这种平民化的知识取向对于解构文史哲各学科的精英主义偏向,在帝王将相和杰出人物之外去挖掘历史和文化真相,具有充分的示范意义。③

文学人类学的学术渊源最早可追溯到民国年间,1932年,郑振铎尝试着用弗雷泽(James George Frazer,1854~1941)《金枝》的人类学方法解释古书,《汤祷篇》《玄鸟篇》《释讳篇》等可视为文学人类学的开端;而后,鲁迅提出"神话是文学",并从理论上阐释中国文学史是以神话为开端的,如《中国小说史略》和《中国小说的历史的变迁》;茅盾引进比较神话学梳理古代神话,如《中国神话研究》试图把中国神话置于世界神话之林;闻一多从民俗学的角度出发研究《诗经》、《楚辞》中的神话;王国维开创了文献与考古互释的"二重证据法";等等。在中西学术交融的浪潮下,西方人类学知识的传播与应用为传统的国学研究提供了新的研究思路和方法,也为后来文学人类学的兴起奠定了基础。

---

① 〔加〕菲尔兰多·波亚托斯:《文学人类学源起》,徐新建、史芸芸译,《民族文学研究》2015年第1期。
② 萧兵:《"人学"的复归:文学人类学实验报告》,《淮阴师专学报》1997年第1期。
③ 叶舒宪:《文学与人类学——知识全球化时代的文学研究》,社会科学文献出版社,2003,第9~10页。

二 跨学科研究——学科边界的消弭

2017 年 4 月，第七届中国文学人类学年会在上海交通大学召开，会议主题为"重述中国：文学人类学的新话语"。至此，文学人类学在一代代学人的艰苦探索和不断努力下已经走过了三十年的历程。时任文学人类学研究会会长的叶舒宪研究员代表学会做了题为"文学人类学三十年"的工作报告，他回顾了文学人类学作为一门新兴的交叉学科在改革开放语境中发生、发展的历程，强调重建"中国话语"的目标任重而道远，不是一朝一夕就能实现的。文学人类学在众多的新兴学科中已经坚持跨学科研究三十余年，近十年来终于走向中国本土文化理论体系建设的方向，以文化符号编码论和四重证据法为其特有的内容。① 报告中，叶舒宪研究员把文学人类学的三十年分为三个阶段：前十年：跨学科的译介和酝酿阶段（1986～1996），中十年：全国性学术团体阶段（1996～2006），后十年：建构理论与方法阶段（2006～2016）。②

前十年（1986～1996），文学人类学研究肇端于神话 – 原型批评，如：萧兵的《中国文化的精英——太阳英雄神话比较研究》（1989 年），叶舒宪的《神话 – 原型批评》（1987 年）、《中国神话哲学》（1992 年），方克强的《文学人类学批评》（1992 年）都是用文化人类学的方法研究中西神话。由萧兵、叶舒宪、王子今、臧克和等人主编的《中国文化的人类学破译》系列丛书，"以传统训诂考据之学为先导，详细占有包括甲骨文、金文和地下实物在内的材料，运用文献、考古、田野三重证据，在世界文化的比照和印证中，诠释、破译中国上古文化典籍的众多疑难问题。"③ 其中萧兵对《〈楚辞〉的文化破译》再诠释和意义的再发掘和《〈山海经〉的文化寻踪》、《〈中庸〉的文化省察》，叶舒宪的《〈诗经〉的文化阐释》中对中国诗歌发生的文化背景及"六义"原始面目的探讨，以及与萧兵合著的《〈老子〉的文化解读》，臧克和的《〈说文解

---

① 叶舒宪、徐新建：《重述中国：文学人类学的新话语》，《百色学院学报》2017 年第 3 期。
② 引自第七届中国文学人类学年会叶舒宪研究员主题发言。
③ 乐黛云：《文学人类学与〈中国文化的人类学破译〉》，《东方丛刊》1999 年第 4 期。

字〉的文化说解》，王子今的《〈史记〉的文化挖掘》等都是对中国古代典籍的文化阐释，开启了运用人类学方法和理论贯通和革新古今文学研究的序幕。另外，徐新建的《从文化到文学》对苗族诗歌、庆坛与傩戏、哭嫁歌等本土文学和文化的研究无疑是应用人类学的方法阐发本民族文化。

中十年（1996～2006），1996 年，在长春举行的"中国比较文学第五届年会"上，在乐黛云教授的倡议下中国文学人类学研究会作为中国比较文学学会的二级学会成立。1997 年，第一届文学人类学年会在厦门大学顺利召开，标志着一门现代学术传统中有本土色彩与独创性、能与西学方法接榫并创新的新兴学科诞生了。[①] 自此以后，文学人类学成为全国众多学者研究和探索的学术领域。2004 年，四川大学文学人类学专业招收硕士、博士研究生，学会的成立和学位点的建立标志着文学人类学学科在国内的进一步拓展，而后，厦门大学、上海交通大学、陕西师范大学、兰州大学等二十余家高校相继设置了文学人类学的学科点和研究机构。这一时期，叶舒宪、彭兆荣、徐新建在各自的研究领域取得了丰硕的研究成果，叶舒宪的《文学人类学教程》《文学与人类学：知识全球化时代的文学研究》系统地梳理了文学人类学在全球知识化背景下的发生与发展过程，打开了文学研究新的世界；彭兆荣的《文学与仪式》阐释了神话与仪式的内部关联；徐新建的《民歌与国学》对民国早期"歌谣运动"进行了回顾和思考。这一系列文学人类学标志性的、里程碑式的作品皆用人类学的理论和方法，使"文学"不再局限于文人墨客写作的书面文本范围，把文学研究的视野拓展到了文学、文本及文化。

后十年（2006～2016），"文学人类学倡导'本土文化自觉'下的文学研究和文学史观反思，他们以大汉族主义、中原中心主义和文本中心主义为三大切入点，批判现存的中国文学史观念。"[②] 这一阶段，三位作为首席专家于 2010～2011 年分别拿到国家社科基金重大招标项目，分别为叶舒宪研究员的《中国文学人类学理论与方法研究》、徐新建教授的《中国多民

---

① 彭兆荣：《首届中国文学人类学研讨会综述》，《文艺研究》1998 年第 2 期。
② 叶舒宪：《本土文化自觉与"文学"、"文学史"观反思》，《文学评论》2008 年第 6 期。

族文学共同发展研究》、彭兆荣教授的《中国非物质文化遗产体系探索研究》。叶舒宪倡导以人类学的眼光重新审视中华文明，同时注重考据学和不同文化之间"互相证明、互相阐释"的原则，提出"大小传统二分的文化编码－解码论"、从"三重证据法"到"四重证据法"、"证据间性"，不断地向前推动文学人类学的理论建构；彭兆荣在对非物质文化遗产体系探索的基础上提出"非遗学"，以他为首的厦门大学的团队把田野调查的范围从华南一带拓展到中国的西南和西北；徐新建以跨文化的视野把目光转向口头传统、活态文学、文学生活等领域，提出"表述"理论和多民族文学与多民族中国论。

这十年，叶舒宪、彭兆荣、徐新建三位学者的后面都已经形成了以各自的博士生为主体的、成熟的科研学术梯队，加上国家社科基金重大项目的支持和推动，学术成果可谓硕果累累。以四川大学文学人类学的团队为例，徐新建教授的民歌与国学、傩与鬼神世界、以那民间"庆坛"考察、月亮山苗族牯脏节考察、黔中"布依砍牛"实录、侗歌大歌研究、以山西介休为田野调查点的黄土文明的人类学考察、多民族文学与文化的阐释以及近年来对藏族《格萨尔》史诗的关注等，都是立足田野、以人类学的方法和理论在田野考察中生长出精辟的理论观点。[①] 梁昭的"刘三姐"歌圩研究、张中奎的"苗疆研究"、李菲的"嘉绒跳锅庄研究"、王立杰的"人观"研究、安琪的"博物馆民族志"研究、龙仙艳"苗族古歌"的人类学研究、银浩的仫佬族"节日"人观研究、罗庆春的西南彝族研究、邱硕的成都表述研究、张波的苗族东朗祭唱研究以及笔者对白马人跳曹盖仪式的研究等，也都继承了徐新建教授的学术思想和学术脉络，注重学术实践，以田野调查为基础，各

---

① 参见徐新建《民歌与国学》，花木兰文化出版社，2014；徐新建《从文化到文学》，贵州教育出版社，1991；徐新建《生死之间——月亮上牯脏节》，浙江人民出版社，1998；徐新建《罗吏实录——黔中一个布依族社区的考察》，贵州人民出版社，1997；徐新建《侗歌民俗研究》，民族出版社，2011；徐新建《民族文化与多元传承：黄土文明的人类学考察》，中国社会科学出版社，2016；徐新建《多民族国家的文学与文化》，人民出版社，2016；徐新建、王艳《格萨尔：文学生活的世代传承》，《民族艺术》2017年第6期。

有特点而又不同。① 诸多成果在此不一一罗列，仅从上述的文献来看，这些研究的选题，既有历史文献的梳理，亦有文学文本的解读，既有理论的分析，又有人类学个案的参与，充分彰显了文学人类学作为一门新兴的交叉学科在多元一体与多元共生文化研究中的方法论优势，也体现了当代研究者的本土文化自觉。

三　跨文化研究——迈向未来的文学人类学

20 世纪以来的文学艺术创作和人文社会科学研究，无不深受人类学的影响。同时，20 世纪的人类学表述范式也经历了从"科学"到"文学"的转向。从文学研究领域，引申、拓展到人类学和文化研究领域，出现了"三级跳"现象，催生出"文化文本"这个核心概念：

> 文学作品（专指书面作品）——文学文本（包括口传的）——文化文本（包括文字的和文字以外的。如"图像叙事"、"博物馆象征"和"仪式展演"等）。②

文学人类学的学术宗旨是保护文化多样性，促进跨文化的交流和理解，有鉴于此，史诗、神话、歌谣、仪式、唐卡、博物馆等口传的、图像的、物像的文字与符号都成为文学人类学研究的"文本"，文学不仅仅是

---

① 参见梁昭《民歌传唱与文化书写——跨族群表述中的"刘三姐"事象》，四川大学博士学位论文，2007；张中奎《"改土归流"与"苗疆再造"：清代"新疆六厅"的王化进程及其社会文化变迁》，四川大学博士学位论文，2009；李菲《墨尔多神山下的"跳锅庄"——嘉绒族群观念与表述实践》，四川大学博士学位论文，2010；王立杰《观人与人观：中国古代相人术的人类学研究》，四川大学博士学位论文，2010；安琪《博物馆民族志：中国西南地区的物象文本与族群历史》，四川大学博士学位论文，2011；龙仙艳《文本与唱本：苗族古歌的歌谣人类学研究》，四川大学博士学位论文，2012；银浩《仫佬族"节日"人观呈现》，四川大学博士学位论文，2012；罗庆春《文学人类学视野下的当代彝族汉语诗歌研究》，四川大学博士学位论文，2014；邱硕《成都形象：表述与变迁》，四川大学博士学位论文，2016；张波《生死关联：麻山苗族"东朗"祭唱研究》，四川大学博士学位论文，2017；王艳《从生命信仰到文化表述：白马人"池哥昼/跳曹盖"研究》，四川大学博士论文，2018。
② 叶舒宪、彭兆荣、徐新建：《"人类学写作"的多重含义——三种"转向"与四个议题》，《重庆文理学院学报》（社会科学版）2011 年第 5 期。

书面的、经典的、作家的文学作品，也包括口头的、民间的、活态的文学实践。文学人类学学科在中国建立以来，一直试图突破单纯地移植西方的学科和研究范式。其方法是努力结合中国自身的历史文化和学术传统来探索中国的文学人类学方法，改变因袭西方模式、被西学话语遮蔽的可悲命运，促进中国文学人类学与西方的平等交流和深入对话。继承须续之以发展、借鉴须续之以创造，构建中国文学人类学自身的话语表述模式，成为其突破瓶颈之关键。① 从中国自身的历史文化来看，如何对其进行表述成为中国文学人类学研究的重点。长期以来，在表述中国文化方面的困境是：以汉文书写为载体的中国传统王朝正史习惯于以中原帝国为中心的叙事，多族群的边缘视角遭到长久的蔑视和忽略；以已作为文本的历史而言，"表述中国"则以"话本史"的样式与作为本文的"事本史"发生背离。② 文学人类学的建立和努力实际上是人类学在中国"本土化"的一种尝试，从"神话－原型批评"开始到后来的"大小传统""四种证据法""神话与仪式""多民族中国论"等都试图从整体上把握文学，在传统的文学研究基础上建立新的"地方性知识"，表述多民族中国的话语体系。

从现代学术意义的视角来看，文学人类学作为一门学科的演进轨迹是"多元汇聚，道同而合"③ 的双向交会，它扩展了文学研究的疆域，使文学不再囿于文本的狭隘天地，不管是以语言文字为载体的叙述文学还是以图像符号表述的"非语言"材料，人类学概念和方法的应用激活了原来的文本。从"文学和人类学"到"文学人类学"，从"文学文本"到"文化文本"，文学人类学在四十年间不断地打破学科之间的壁垒、扩展自身的学科边界，成为人文学界发展起来的新兴的交叉学科。目前，文学人类学已经在借鉴、吸收、融合中西方理论的基础上，形成了自成一体的理论体系和方法论，它见证着跨学科研究的趋势和研究范式的变革。

---

① 徐新建：《表述问题：文学人类学的起点与核心》，《西南民族大学学报》（人文社会科学版）2011年第1期。
② 徐新建：《表述问题：文学人类学的起点与核心》，《西南民族大学学报》（人文社会科学版）2011年第1期。
③ 徐新建：《一己之见：中国文学人类学的四十年和一百年》，《文学人类学研究》（2018年第一辑），社会科学文献出版社，2018，第22页。

身体、艺术与审美生存

刘维邦 *

摘要：文章对中西美学史上的"身心二元论"及其"心-观念"艺术传统进行了批判，在身体美学基础上进一步探索身体与艺术的关系。结合郑板桥的《题画》，笔者提出艺术不仅是身体的延伸，更是延伸的身体，是身体语言的酝酿、生产和实现。最后，文章进一步探讨了身体在世的审美生存，指出身体是世界和自我的诞生地，从"身在此山中"到"游刃有余"是一个身与境化的过程，需要长期的身心修行才能达到。

关键词：身体 艺术 延伸 审美生存

一 深陷"身心二元论"中的艺术与"被压抑的身体"

在中西方艺术史上，艺术一直被这样一种观念所主导：艺术是一种意识形态，是社会历史、个体心灵等抽象观念的一种表征。它向人们表示：艺术是一种通过媒材形式表达的超媒材的观念。

可以说，以"心-观念"为统领的艺术观占据着艺术的整个历史。在西方，自柏拉图"理念论"直至黑格尔"美是理念的感性显现"，都将艺术或美视为"理念"的附属品。在中国，从"诗言志""诗缘情"到"文以载道"及宋元山水画的"写意"主张将艺术作为"志""道""情"等抽象的"心-观念"的表征，而所谓"澄怀观道""心声心画""外师造化，中得心源"也无不说明：文艺作品不过是通过技巧对观念化的"心""道心"的艺术投射。

---

* 刘维邦，四川大学美学博士研究生，研究方向为审美人类学。

艺术从"观念论"走向"自律论"，可视为对观念论的一种反叛。康德的"美在形式"、王尔德"为艺术而艺术"及俄国形式主义的主张，都试图使艺术形式摆脱社会、心灵、文化、功利等一切与观念相关的东西。然而，他们恰恰忽略了他们的艺术自律、形式追求首先就是一种艺术观念。因此，他们不自觉地陷入了他们最想逃离的陷阱。

艺术自律观没能逃离观念论根源在于他们依然囿于"身心二元论"的逻辑窠臼，这种思维自笛卡尔以后愈加根深蒂固地影响着人们的世界观、人生观及艺术观。笛卡尔通过对观念的我和我的肉体的性质区分，以绝对实在的"我思"为现代哲学的确立坚固了地基。事实上，我作为"心灵""思想"的牢不可破以及与肉体的绝对差异性乃是柏拉图理性哲学遗产在主体精神上的投射，由"灵肉二分"到"身心二分"不过是理性哲学从上帝回到人间的转语。

为知识提供恒定认识论基础的康德和以历史理性为主体哲学确立合法性的黑格尔接过笛卡尔的接力棒，进一步将"心灵""理性"观念稳固为一切认识、历史发展的绝对根基，最后一棒的尼采虽然无情揭露了这场哲学接力赛的虚无主义真相，直接捣毁了上帝的神坛，但仍以权力意志、超人观念将笛卡尔大本营中的主体性旗帜插上了历史最高峰。可见，现代哲学不过是将上帝的真理变成了人的真理，将神对肉体的压制变成了主体心灵对肉体的压制。身心在理性与感性对真理的把握的可靠性较量和评估中被撕裂为一种既定的历史事实。

梅洛-庞蒂的"身体的现象学革命"是对笛卡尔以来"身心二分"传统在哲学上的一次彻底清算。① 他认为，身体是人和世界沟通的前提，只有身在世界中人才能知觉他自己和世界的存在，身体知觉作为身体向世界投射的意向结构以一种呈现于空间的、动态的"身体图式"来显示人和世界的关系。他指出，"我思应该在处境中发现我"②，基于此，他向笛卡

---

① 学者张祥龙曾指出："哲学史上对于身体欠了两千多年的债，脑袋越来越大，身体越来越小。这么一个畸形的西方哲学，到了梅洛-庞蒂这儿，对于身体作了一次赔偿。"参见张祥龙《朝向事情本身——现象学导论七讲》，团结出版社，2003，第282页。

② 〔法〕莫里斯·梅洛-庞蒂：《知觉现象学》前言，姜志辉译，商务印书馆，2001，第8页。

尔将"我思"作为世界真实性的根据开火："真正的我思不需要用主体对存在的看法来定义主体的存在，不把世界的确实性转化为关于世界的看法的确实性，最后不需要用意义代替世界自身。相反，真实的我思把我的思维当作不可剥夺的事实，取消各种各样的唯心主义，发现我'在世界上存在'。"①

通过将"我思"的主体性还原为在世的"处境性"，超越了把"心""观念"作为一种"先在的主体预设"。梅洛－庞蒂揭露了现代哲学以"理性"作为现代人的底色使人沦为一种抽象的观念的历史真相，使人们认识到，以笛卡尔"我思"为基础的主体哲学从一开始就隐伏着对于身体的压抑。

与梅洛－庞蒂一样，詹姆斯和杜威等对传统的身心二元论也极为不满。他们立足于用经验主义、实用主义来进一步认识身体、自我和艺术的关系。詹姆斯将身体作为存在的坐标中心，提出人的感觉是大脑连续运行的身体表现，而身体感受又是连续性自我认同的核心。② 就此而言，主体性的生成依赖于身体及其与世界关联中的感受和体验。而杜威则将"身－心"视为实践中的统一体，他认为精神生活本质上源自基本的生理和生理－心理功能，他还提出生物因素是审美的根基，艺术的想象性思维和精神性的体验正是在身体中才得以孕育和塑造。③ 与杜威一样，迪萨纳亚克也明确提出审美心理和情感有生物学基础，将世界中的"感官、心理和情感的身体"视为审美经验的基础。"离开了感觉、情感和认知的心理生物学，我们就不能正确地理解审美经验。"④

无论是梅洛－庞蒂通过身体间性对笛卡尔以来的身心二元论传统的批判，还是詹姆斯、杜威和迪萨纳亚克等人从生物性的身体方面对主体性、精神生活和审美活动做出的反思，都是对传统"心－观念"系统和范式的

---

① 〔法〕莫里斯·梅洛－庞蒂：《知觉现象学》前言，姜志辉译，商务印书馆，2001，第9页。
② 〔美〕理查德·舒斯特曼：《身体意识与身体美学》，程相占译，商务印书馆，2011，第203、219页。
③ 〔美〕理查德·舒斯特曼：《身体意识与身体美学》，程相占译，商务印书馆，2011，第180页。
④ 〔美〕埃伦·迪萨纳亚克：《审美的人》，户晓辉译，商务印书馆，2004，第211页。

颠覆。"身体"由被忽略、被轻视、被低估的"工具"变成了"坐标中心"，人们已经认识到，人虽是一种观念性存在物，但观念并不等于人，更进一步说，观念并不等于艺术的人、直觉的人、感性的人，从根本上说，是身体的人。这种"身体转向（革命）"对于我们重新认识艺术创作和鉴赏活动有极大的启迪意义。

二 艺术：是"延伸的身体"还是"身体的延伸"？

关于艺术创造的过程，从绘画的角度讲，郑板桥有"眼中之竹－胸中之竹－手中之竹"的著名论断：

> 江馆清秋，晨起看竹，烟光日影露气，皆浮动于疏枝密叶之间。胸中勃勃遂有画意。其实胸中之竹，并不是眼中之竹也。因而磨墨展纸，落笔倏作变相，手中之竹又不是胸中之竹也。总之，意在笔先者，定则也；趣在法外者，化机也。独画云乎哉！①

郑板桥的论断是长期全身心参与艺术实践的经验总结。在此过程中，"身体参与"自始至终地发挥至关重要的作用，如果没有"眼"，就无法看到"形象"，更谈不上"作画"，以此类推皆然。身体，尤其五官，既是艺术之源，也是艺术被欣赏的感觉窗口，更是艺术创作的"知觉本体"。可以说，离开身体，离开身体对视觉形象的知觉积累、沉淀、体认，就谈不上艺术创造。

据此，我们可以率先得出一种观点：艺术是身体的延伸。如果人是身心统一体，那么，艺术就是从"身体"里"流出"的，这意味着艺术的创作一旦完成，它便脱离身体而独立成为一个"世界"，且"这个世界"在被万千作为身体存在的接受者那里又被赋予新的意义而成为"再造文本"。这种理解说明艺术只是身体借助工具将自身的创造、理解、情感、想象注入形式中，因此，被完成的艺术成为身体的一种延伸物。

同时，还可以有另外一种观点：艺术是延伸的身体。这种表述的深刻

---

① 于民主编《中国美学史资料选编》，复旦大学出版社，2008，第508页。

意义在于，它依然将艺术作为身体存在的"艺术形式"，艺术依然是"身体性的"，它的本质就是"身体语言的重新编码"，它只是身体知觉的"变形"，是身体知觉的"化蝶"。"延伸的身体"是将艺术作为身体的整体综合及特质体现以同构的方式实现身体的艺术再造，因此，艺术就是"这一个""仅仅这一个"身体信息的再现，是独一无二、无可替代和不可复制的。更进一步说，艺术是身体形式语言的酝酿、爆发、建构和实现。

辩证地看，艺术"身体性"与"媒介性"的统一，两者统一于艺术的创作、鉴赏的全过程。从创作的"感官来源""身体参与"和鉴赏的"感官入口""身心体验"来说，艺术必然是身体的。从其借助物质、媒介对象看，它又以非身体的"媒介形式"形成一个被理解的自足世界，历经千年，创作它的人早已身归尘土，而鉴赏它的人通过"身体介入"也不能对其进行"解码"，它依然自持地待在博物馆里被一个"玻璃空间"封闭为一个独立自足的世界。必须承认，艺术作为一种媒材，作为一种物因素，媒材作为物其自身的审美质素具有不可忽略的作用。但在艺术回到"媒材"的同时，艺术创作也应该回到身体，同时，还应该注意到艺术品（作为物）中隐藏着的身体话语。

郑板桥的论断中包含着"身体与自然"、"身体与意象"和"身体与作品"的复杂关系，是我们深入理解艺术与身体关系、发掘艺术身体话语的一个典型范本。

（一）身体是作品和世界生成的大地

作品之为作品，其本质在于艺术家感受世界的深度、广度以及独特性的感性呈现，而且这种表达和呈现是创造性的、唯一性的、不可重复的。究其根本，其独特之处来源于感受的独特性，换言之，艺术家就是将他感受到的而别人尚未感受到的通过艺术呈现出来。

艺术家感受的独特性来自哪里？来自身体与世界长期体验中获得的敏感性。因此，在艺术创作中，身体不仅不是处于工具性的次要地位，相反，它处于先在性的根本地位。可以说，离开了身体对自然、生活和世界的敏感的感受能力，艺术就不可能成为艺术。

笔者认为，身体是作品和世界的交织领地，也是作品和世界得以诞生和生成的大地。正是在身体的沃土中，世界中的自然形式、样态通过人的五官和身体感受浸润其中，滋生了人对世界感受的多维性，由此形成世界和身体的感性网络，这也是主体性生成中不可或缺的一环。艺术作品正是对身体和世界建立的复杂关系中被"这一个"发现的独特一维的感性呈现。在这个独特的维度中，不仅包含着丰富的自然形式和人的感受维度的充分弥合，还包含着艺术家独特感受力所体验到的那个全新的瞬间。

与普通人一样，画家生活在自然的物象体系之中，但与常人不同的是，他们花更多的时间观察世间万物。他们不仅要观察一个事物的季节变化，还要在不同时辰、不同光线、不同视线和有风无风的状态下观察事物的形态。在长期观察的基础上，画家会选取最能触动他的那个独特季节、时间和最佳光影状态的一个瞬间，将其感受和事物在该瞬间的弥合状态呈现于笔端。

郑板桥的"晨起看竹"恰是清秋时节，万物萧杀，竹子依然碧叶清骨，卓然独立。晨光照耀中，薄雾和露气浮动于枝叶之间。正由于此，郑板桥的画意油然而生，而作为"胸中之竹"的画意正是建立在长期的综合观察形成的"眼中之竹"的基础上，易言之，"画意"源自身体对于自然美景的感受和体验。

（二）艺术创造是身体语言的审美呈现

郑板桥在胸中滋生了画意，并且明确指出"胸中之竹"不同于"眼中之竹"。可见，"胸中之竹"是翠竹、烟光、日影、露气在身体意向结构中生成的混有身体性的"物象整体"。晨起看竹是知觉身体通过"感官"和"认知前见"将物象"写入"认知的过程。然后，身体对这个"物象"做出自身系统的感应，调动情感、认知、想象等因素参与到对物象的理解和综合体认中，经过长久的身心体验，便形成了对"象"长期体察基础上的超越感悟，生成意象。

在最后的总结中，郑氏明确认为"意在笔先者，定则也"，显然，这里的"意"就是画意，就是"胸中之竹"。据此，有人会认为，胸中之竹是意，是主体的一种观念和思想。其实，这种理解是错误的。应该看到，人在世界中存在，有两种不同的主体性：意识主体性和审美主体性。它们是身体作为间性主体的派生形式。审美主体性是以身体的感性为根据而形成的，艺术家及其创造活动就是对这种主体性的发挥。正如梅洛－庞蒂用"世界之肉"取代"内在的人"一样，在艺术中，我们应该用"审美主体性"取代"意识主体性"。

因此，意在笔先的"胸中之竹"就是审美主体性，它是建立在郑板桥对竹子长期体认的产物。按照康德的看法，审美判断主要是情感判断，也就是说，郑板桥与竹子所建立的艺术关系本质上是一种情感关系。事实上，这种情感关系的前提是身体与事物的感受关系，或者更彻底地说，是身体和世界的审美关系。明末美学家祝允明曾说："身与事接而境生，境与身接而情生。"① 可见，情感并不能脱离身体，不能脱离身体及其与处境（世界）的实践。正是在身体与处境的实践中，情才得以产生，有了情的产生才有情感的外在表征（文艺）。

"胸中之竹"就是"境与身接"而生出的审美意象。在身体对空间、处境和事物的体认中，物象与身体相互吐纳。郑板桥正是以审美主体性的身体介入处境的，胸中之竹虽以认知为基础，但从根本上说它是身体语言的凝结，是审美主体性对于"身－境"关系的独特把握。

从"胸中之竹"到"手中之竹"的过程，是"情深而文明"的过程，也是"由道而艺"的一个过程，归根到底是从身体到作品的过程。更确切地说，是实践中的"身体图式"走向"身体意向及其实践"的过程。在这种情况下，作品不再是一种观念，而是作为一个"身体的全部知觉秘密"在和世界的相互投射中通过一定物质进行的一种"身体图式"和"身体语言"的表达和呈现。

手中之竹就是身体语言的具体呈现。将身体语言凝结的"意"呈现为作品，就是一个写意或达意的过程。而"意"的实现需要借助的就是身体技术。所谓"有道而不艺，则物虽形于心，不形于手"，正说明了尽管心中有了"意象"，如果没有长期艺术实践来"经验累积动作操作的技巧"，也不会产生艺术。因此，艺术生产必须经过"肢体"的"训练"才能达到"艺术形式"的"完善"。换言之，艺术是"身体实践的结晶"，而实践的本质则是身体的训练、参与和创造。

① 于民主编《中国美学史资料选编》，复旦大学出版社，2008，第331页。

郑氏所谓"趣在法外者，化机也"，是说手中之竹妙在"技法"之外，重在呈现作者的"意趣"。而作品所呈现出的只可意会不可言传的"意趣"其实就是身体在特定处境中对于事物的独特体认的感性呈现，这是一种艺术化的存在的真，是身体在世的真。"此中有真意，欲辨已忘言"，说的就是这种真。

三　身体在世的审美生存

艺术是人寻求意义的重要方式，它将人对世界的身体体认感性地呈现出来。但如何在体制和功利的世界中实现艺术的生存，如何在尘世中安放自己的身体，则是另一个更为重要的问题。

身体总处在一个被知觉的空间里：由物质及其关系构成的被知觉感知的实际空间和生命从"生"到"死"的意识空间的统一。苏东坡的"横看成岭侧成峰，远近高低各不同。不识庐山真面目，只缘身在此山中"深刻揭示了：身体在世（生－死空间、知觉的物质空间）的"处身性"是人知觉世界形成的前提，一切知觉形成的观念（世界观、人生观、价值观等）都是依托"身体在世"而存在的，而"身体在世"使一切处身性的诉说都成为一种"偏见"，成为"处身"的特殊境域的诉说。苏东坡关于"身体在世"的"处身性"和"空间性"的悖论深刻说明了：世界是我的表象，是我的身体知觉的表象。

身体是一切人及其观念的母体，"我"正是在身体绽出和世界呈现的契合和转让的互动中才能成为自己。

从"身体"到"心理"的我，是从"身体间性主体"到"意识主体"的过程。梅洛－庞蒂主张以"世界之肉"代称"意识主体"。他认为意识的我和肉体的我是"世界之肉"硬币的两面，两者是一不是二。这种统一很容易说明，如果我以左手抚摸右手，那么，我的"抚摸"和"被抚摸"是统一的，因为"一个人不可能将自己的身体同时体验为主体和对象"[1]。

---

[1] 〔美〕理查德·舒斯特曼：《身体意识与身体美学》，程相占译，商务印书馆，2011，第109页。

作为"世界之肉"的"我",是以身体及其衍生的观念、行动、实践等复杂活动来形成"身体图式"的,这种"身体图式"既是我的"对象化"呈现——成为"异己的""对象的"存在,也是作为身体的"衍生物",同时,"非我"与"我"是相互塑造和互相生产的。而如果"非我"离开我而成为压抑我的"对立物",那么我便被"异化"了。马克思指出人的本质力量的"劳动产品"不属于生产者的"无产阶级",而成了其对立物,属于资本家,所以人与其本质力量对象化的"非我"分离就是一种"异化"表现。①

异化的对立面是"统一",而统一的极致是艺术性的统一。换言之,只有在审美生存中,"我"与"非我"才实现真正和彻底的统一。

我们下面以"戏剧"与"人生"的关系为例来说明艺术生存问题。戏剧艺术从原始巫术开始就是"世界之肉"(我)和"非我"的统一,人通过面具、装扮、角色等将"本我"统一于"非我"的角色中,现代舞台剧更是将身心统一的"我"通过动作完成"角色"成为"他者"。

以《亚鲁王》为例来说,它的历史诵唱传统是将"集体的我"和"集体非我"通过历史的肉体——身体实现的完美统一,"亚鲁在诵唱中出现,并且只在诵唱中出现。他通过声音,以歌词和动作的形式存活于族群记忆中,经过诵唱,在口耳相沿的路上穿越时代成员的身体,才成为四方共享的形象,在这样的传承中,口耳记忆就是身心记忆",而这种融入参与者的历史身体的"诵唱"是人类表述史的"超文字通道和路径"和"身心关联的践行道理"。②

如果说艺术表演实现了"我"与"非我"的统一,那么"身体在世"的人在"我"与"非我"(社会面具)的关系上,如何实现审美生存则是值得思考的"一场大戏"。"人生如戏"从本质上揭示了人的"对象化"生存的本质,揭示了人必须在"非我"中实现"自我"。"戏者,演也;戏剧者,演之动作也;我非我,剧场效应中的动作显现。"③ 人生如戏,我

① 〔德〕马克思:《1844年经济学哲学手稿》,人民出版社,2000年,第52-53页。
② 徐新建:《生死两界"送魂歌"——〈亚鲁王〉研究的几个问题》,《民族文学研究》2014年第1期。
③ 徐新建:《从文化到文学》,贵州教育出版社,1991,第238页。

们的"演"就是扮演社会角色，我们的"动作"就是身体一生的全部展开，我们的"我"与"非我"则统一在"生－死空间"的剧场中。

如何唱好人生的"戏"牵涉到"生存价值论"的问题。身在戏中，身在此山中，戏、山即是"身体在世"的被知觉的"世"，是知觉把握的"整体和具体处境"，相当于庖丁解牛的"牛"。庖丁之"刀"象征"人"，刀子"游刃有余"于"牛隙"间豁然而解，相当于"人"游走于"道"（天地）之间自由往来而身不受害。这就是超越技术的艺术生存之道。

庖丁解牛"以无厚入有间"，而"游刃有余"就是人作为身体在世与天地万物往来的诗意栖居的象征。庄子提出"无所待"的"逍遥游"即用道超越身体的"我"和对象化的"非我"，通过超越实现了"身体"与"世界"、合目的性与合规律性的统一。这也就是中国艺术所追求的"境"的生存哲学内涵。由身而境，由境而情，由情而艺，生存和艺术本就统一在在世的身体活动中。

生如意，身如象，意在象中，象因意明，意象不二。意象往来，周流不滞，游刃有余，这就是境界。这需要长期的身心修行才能达到。

神话与民俗

礼器神话：中国礼制话语建构的信仰之根

唐启翠*

摘要：礼器作为礼义和礼仪的直观物化表征，具有双重意义：兼括形而下之器与形而上之道，并指向履礼主体和礼本身。礼器神话，一方面，是确立道以器显、器以藏礼的观念，将某些具有特殊神性或魔力的具有不可替代性和高度隐匿性的器物如玉、鼎、豆、玄圭、传国玉玺、鼍/鼍鼓等推到一个至高无上的"圣物""神器"位置，以彰显天命所在；另一方面，又在"扩己‐虚己"身体思维模式下，将礼塑造为上致敬鬼神、中治国安民、下修身备德体信达顺之器，从而为礼制话语建构和礼制践行的神圣合法性奠定了信仰之根。

关键词：礼器神话　礼制话语　文化大小传统　多重证据

一　豊：双重"行礼之器"

何谓"礼器"？直观表述可谓："行礼之器"、"礼仪用器"或"藏礼之器"。甚至"礼"本身就是致敬鬼神–治国安民–修身备德之器，《礼记·礼器》开篇即曰：

> 礼器，是故大备。大备，盛德也。礼释回，增美质；措则正，施则行。其在人也，如竹箭之有筠也；如松柏之有心也。二者居天下之大端矣。故贯四时而不改柯易叶。故君子有礼，则外谐而内无怨，故物无不怀仁，鬼神飨德。①

项目基金：本文为国家社科基金青年项目"《周礼》礼器神话与中国礼制话语研究"（13CZW022）阶段成果。

＊　唐启翠，文学博士，上海交通大学副教授，致力于三礼与神话、文学人类学理论与方法研究。

①　（清）孙希旦：《礼记集解》，中华书局，初版（再版），第 624 页。

在《礼器》著者及其注疏者眼中，人若能以礼为修身之器，则无所不备，无所不备是为德盛。因为礼之用能消人邪恶之心，增人质性之美，此盛德充实于内矣。措诸身则无不正，施诸事则无不达，此盛德发见于外矣。礼于人，犹如竹箭有筠（竹外青皮）以贞固于其外，松柏有心以和泽于其内。竹箭、松柏具有天下万物之大节大本，所以能经历四时寒暑而枝叶无改。故君子有礼，则外而乡国无不和谐，内而家室无所怨悔，人归其仁，神歆其德，远近幽明，无不感通，亦犹松竹之不改柯易叶。在《礼记》篇目编排中，《礼器》紧接《礼运》而来，而《礼运》的结尾是：

> 故天降膏露，地出醴泉，山出器、车，河出马图，凤凰、麒麟皆在郊椒，龟、龙在宫沼，其余鸟兽之卵胎，皆可俯而窥也。则是无故，先王能修礼以达义，体信以达顺故。①

天地山川涌现诸种祥瑞和宝器的原因，就是由于先王能够外修礼仪以顺乎天理、内体诚信以顺应人情。不仅与突兀而起的《礼器》开篇形成了某种呼应，也是《礼器》篇主旨——礼以忠信为本的现身说法。无怪乎方悫将此二篇视为一体两面："形而上者谓之道，形而下者谓之器。道运无名，器运而有迹。《礼运》言道之运，《礼器》言器之用。"② 在《礼器》论器之用中，率先谈论的是礼本身为器，其次才是有形的物质性器物如宝龟瑞圭之位称，鼎豆席婴之以多为贵，大路繁缨、圭璋琥璜之以少为贵，宫室、器皿、棺椁、丘封之以大为贵，爵觯尊彝之以小为贵，龙衮冕旒黼黻之以文为贵，大圭不琢、大路素而越席、牺尊疏布幂之以素为贵等的礼制意义。

在早期中国经典文献《诗》《书》《礼》《易》《春秋》中，"礼"往往被视为经纬万端的行为规范和社会秩序得以良性运行的根本保证，守礼则生，失礼则亡。个体修身备德升华为群体行为规范和认知，进而升华为国家意识形态——以礼治国、以德治国。礼义（理念规则）、礼仪（言行仪容）和礼器（器物符号）三位一体共同构成历代王权礼制话语建构的核

---

① （清）孙希旦：《礼记集解》，中华书局，1989（2007），第 622 页。
② （清）孙希旦：《礼记集解》，中华书局，1989（2007），第 624 页。

心问题。礼器作为礼义和礼仪的直观表征，所谓圭璋特、琥璜爵、钟鼎尊彝、簠簋俎豆、车服旂铃、制度文章乃至进退揖让之体，皆为礼器，信以守器，器以藏礼，礼以成人，礼器不仅是家国重器、神器，神人相通的媒介，也是国家栋梁才士的象征（如琏瑚之才、圭璋之质、鼎士等）。在此表述中，"礼器"指涉并非简单的物质性人工器物，它还指向礼本身和履礼主体——人体，并按照"扩己-虚己"思维模式①，将礼视为沟通、建立和维护个体-群体-国体-天体之"器"。

这是中国特有的礼制话语表述模式，并作为一种思维模式形塑了形意化的汉字编码体系。东汉许慎《说文解字》释"禮"曰："禮，履也，所以事神致福也。"又曰："豊，行礼之器也。从豆象形。凡豊之属，皆从豊。"又曰："體，总十二属也，从骨，豊声。"可见，在东汉文字学家眼中，禮由标示祭祀神灵之礼"示"和行礼之器"豊"组成，而行礼主体——人之體，也与豊有关，尽管许慎将體视为形声字，认为豊仅标识读音，但显然若在礼乐仪式语境中考察，體从骨从豊或金文"𩪧"（《中山王鼎》）从身从豊，并非简单的表音，而是指涉行礼主体也是行礼之器。礼在商周甲骨文、金文中写作𧯄（合集 32536：叀新~用）、𧯄（屯 1257：又~叀祖丁庸用）、𧯄（24962：翌丁未爂燎告又~）、𧯄（32557：日于祖乙其作~）、𧯄（《天亡簋》：王又大~）、𧯄（《长由盉》：穆王卿~）、𧯄（《何尊》𧯄王~裸自天）𧯄（《麦尊》王乘于周为大~）等，古文字学者或释"礼"字从豆从珏，像以豆盛玉祀神之形②，或释礼为从壴（𧯄、𧯄）从珏，像用鼓用玉以祀神的礼乐仪式③，或会意击鼓奉玉成礼之义④；或从礼乐仪式语境出发认为"豊"字构型初意在于以代表性礼器（豆或鼓、玉）表征祀神祭祖仪式的要义。⑤

① 《大学》格、致、正、诚、修、齐、治、平八纲目，以"扩己"的方式，将个体之体扩展为天下国家，又以"正心""虚己"的方式，形成"吾心即宇宙"，至诚至性至善则可让所有事物自证、自现。
② 王国维：《观堂集林》，中华书局，2006，第 291 页。
③ 林沄：《豊豐辨》，载《古文字研究》第十二辑，中华书局，2006，第 181~186 页；吴十洲：《两周礼器制度》，商务印书馆，2016，第 3~8 页。
④ 黄德宽等：《古文字系谱疏证》，商务印书馆，2007，第 3091 页。
⑤ 杨志刚：《中国礼仪制度研究》，华东师范大学出版社，2000，第 10 页。

文字构型作为文化表述的一种方式，源于礼乐仪式语境，是礼乐仪式语境的文字编码再现，然而又绝非完整复制，通常可能是拣选了最核心的物化符号，以凸显其意义。"礼"字构型的文化编码中融汇了古礼的核心要素：玉器、陶器、人体及其致敬鬼神以祈福佑的信仰。"豊"及其核心构符"玉"、"豆（豆、豆）"或"壴（𣂔、𣂔、𣂔）"皆出现于殷商晚期的甲骨卜辞中，其中豆、壴是典型的象形字，具有从物象（一级编码）到文字（二级编码）再到礼制仪轨及其神话叙事（三级编码）的典型性。"玉"、"豆"或"壴"则是行礼之器最直接的物化表征，而新石器时代早期（约距今9000年）以降的墓葬玉器、陶器（含陶豆和陶鼓），则见证了自发的宗教礼仪之器到明序辨等的礼制礼器的过程。①

自9000年前的饶河小南山史前墓地开始一直到晚清帝陵，就秉承着"事死如事生"的原则，即墓主生前所需要用到的器物也都出现在墓葬这一代表未来的世界里。新石器时代早中期，虽然尚未显示出社会等级差异来，然而墓中随葬品较多的墓主总是显示着与众不同的特质，特别是玉石器显然超越了日常饰物，而具有了以玉石为神物或护身符的功能。新石器时代中晚期开始，社会分化和身份等级，直接反映在墓葬布局和随葬品材质、数量、器类的精粗多寡上，这样一种用器物化身份等级表征体系，至商周而大备，典重威严精美的青铜器群的加入，特别是列器（列鼎、列簋、列壶、列璜）的出现，无疑是对《周礼》"九仪之命以正邦国之位"的礼器化诠释。

这表明《礼记·礼运》关于礼之发生的具象描述，大体符合人类文明进程。礼始诸饮食，但应非商周饮食中的尊卑长幼秩序之礼，而应是祈愿与感恩赐予饮食的神秘力量（如祈天报地、感恩人祖）的仪式，从最简易的人体祈祷舞拜、掬物至敬鬼神，到简易礼仪、器物，再到丰富体系的礼仪、器物，这是中国礼乐文明发展的基本进程。在距今8000～7000年的祭祀性遗存中，陶器、玉石器（如高庙文化祭祀遗址出土獠牙纹白陶罐、磁山遗址祭坎中的粮食、牲骨与成组陶器、石器等，兴隆洼遗址墓葬陶器、

---

① 唐启翠：《文化文本的意义与限度：以"豊"的考古学研究为例》，拟刊于《文化文本》创刊号，2019。

精美玉石器与猪）已经成为祭器，距今 6000～5000 年时，陶器与玉石器已开始通过特殊材质、纹饰、组合等形成了某种地域性规制（如仰韶－庙底沟文化彩陶、玉钺，凌家滩文化、红山文化、良渚文化等的玉石器，等等）。陶器在一万多年前进入人们生活时，最早的用途是作为饮食器（蒸煮或盛装），但也不排除同时兼具祭器和乐器的功能。人类学调查的活态文化传承中，在简单社会文化中，饮食器如盆、罐等往往一身兼数用，推测复杂社会里繁复礼器从早期简单用器中衍生繁化是可行的。

同时，不同材质的礼器的发展又具有不平衡性，丧葬和祭祀仪式中的陶礼器始于日用器物的挪用，继而从土质土色如黑、白、彩，火候高低、纹饰精粗等从日用器物中逐渐区别开来成为专用礼器或明器①，而玉器似乎从一开始就与人的信仰观念即相信玉为神物或物神和身体观即相信玉可护身不朽等密切相关，成为独一无二的贴身而葬和祭神祀地的不二器类。

人类学和考古学提供的仪式景观与中国繁复的礼仪体系相互映照提示：神话信仰是礼仪实践的根基和驱动力，天人交际的祭礼以及延伸到人间的吉凶宾军嘉五礼及其礼器，可谓人们通过礼仪实践的器物化操作，不断再现、重演甚至重建和维护现实社会人伦秩序与神圣世界的关联以及能量交换。

综上所述，笔者认为"豊"字构型编码中当以礼乐仪式语境中的饮食器、乐器和玉器互为指涉共同编织、表征着礼乐仪式语境及其象征意义。作为行礼之器的"豊"具有双重性意义：既指形而下之器，如饮食舆服赞佩等，也指形而上之道，如礼义、礼典仪轨以及践而履之的身体。本文以有形可见的形而下之"礼器"符号为中心，将其置于礼典仪轨、礼义之道、礼仪之数、践而履之的身体技术规训和神话叙事的场域中，试图追寻并揭示形而下之礼器在礼制话语建构中的意义。

---

① 考古学提供的鉴别与确认"礼器"的标准是：1. 遗物存在环境（礼仪性遗存如祭祀、葬礼等）和空间布局（含层位、位置、器物组合等）决定其性质和功能；2. 器形规范，有特定标识，如特定纹饰；3. 普遍并相对固定的使用；4. 代表该文化主要特征，且具有文化认同力（播之久远的特殊文化穿透力和引领作用）；5. 材质与工艺，考古物证提示，中国古礼器的基本视觉元素：材质、器形、纹饰远在三代之礼前谱系已然相当清晰。详参卜工《文明起源的中国模式》，科学出版社，2007，第 52～56 页。

二 器以藏礼：体礼实践与文化遗产

在人类文明进程中，"造器"可谓人猿揖别的标志，从旧石器时代的打制石器到新石器时代的磨制石器、玉器，从火的发现到修火之利，范金合土以为陶匏土鼓、宫室、台榭、牖户（《礼记·礼运》）无异于推进文明进程的"技术革命"。从全新世早期，磨制石器和陶器广泛运用于辽河、黄河、长江等流域的食物开发、加工和储藏中，甚至作为随葬品陪葬亡者，这标志着新的聚落形态、生业策略和信仰观念的出现。① 新石器时代早期（前7000~前5000）从饶河小南山、辽河流域的查海-兴隆洼、太行山麓的磁山-北福地、泰沂山脉北侧的后李、河南中西部的裴李岗，以及渭河流域的白家-大地湾等文化遗存可以直接观测到两种礼仪行为：一种居室葬（随葬陶器、精美玉石器）和室内安放人形雕像或面具等显示了家居导向的宗教信仰与礼仪活动，可能是当时应对等级和经济压力的一种社会反应；第二种丧葬活动中，社群中小部分人比其他成员享有更精美、更多样的随葬品（礼仪用品），突显出与众不同的身份威望。② 新石器时代中期（约前5000~前3000）普遍反映出祭祀礼仪和等级分化的存在，出现掌控礼仪的特殊权威，他们既掌控礼仪知识，也控制礼仪用品（陶器、玉石器等）的生产、分配和跨区域交流，导致大范围或远距离的人口扩散和某些共同信仰的形成，并直接反映在陶器（如鼎、豆、酉瓶）、玉器等的类型、纹饰（如八角星纹、鸟纹）及其组合的广泛分布。③ 新石器时代晚期（约前3000~前2000）以辽河、黄河、长江等大河流域为中心的大汶口文化-龙山文化、陶寺文化、石峁文化、仰韶-庙底沟文化、良渚文化、屈家岭-石家河文化和宝墩文化等为代表，开始迈向早期国家，通神敬祖辨等别序的礼制话语以建筑布局、祭祀遗存、墓葬空间及其随葬品等

---

① 刘莉、陈星灿：《中国考古学：旧石器时代晚期到早期青铜时代》，生活·读书·新知三联书店，2017，第52~73页。

② 刘莉、陈星灿：《中国考古学：旧石器时代晚期到早期青铜时代》，生活·读书·新知三联书店，2017，第142~177页。

③ 刘莉、陈星灿：《中国考古学：旧石器时代晚期到早期青铜时代》，生活·读书·新知三联书店，2017，第220~221页。

可见的文化遗产得以表征：礼仪遗存遗物更为复杂而丰富，社会分化、等级序列、身份地位象征物等普遍化，高度分层的政治体系和礼仪已然形成，此时期"精英阶层通过操控礼仪权力和礼仪用品的生产和交换，获得并维持其政治权威"①，同时享有宗教和经济等方面的权威和荣耀。如山东大汶口文化晚期的精英墓葬中随葬大量精美的玉器、鼍鼓、象牙制品、陶器、猪下颌骨和獐牙等，特别是酒器（蛋壳高柄杯、壶、鬶、盉）和盛食器（鼎、豆）的成套组合，以事死如事生的方式显示了宴飨礼仪和社会等级。而且对某些特定墓葬从下葬之日始就持续不断地举行献祭的祖先崇拜礼仪。坐落在临汾盆地的陶寺遗址，是龙山文化晚期的大型聚落中心，与周围众多小遗址形成三层聚落等级，贵族生活在由城墙护卫的宫殿区，与普通民众相隔离。发掘的1000多座墓葬明显形成三个等级：大－中－小，仅占少数的大型墓葬（<1%）出土了数以百计的精美陶器、玉器、鼍鼓、石器、木器、铜器以及外来礼仪用品，如玉璧、玉琮等。② 与陶寺隔河遥望的神木新华99K1祭祀坑里规则性竖立32件玉器（斧、钺、刀、环、璜、璋）和鸟骨，玉器皆无实用功能，而且该祭祀坑被12座墓葬环绕，似乎是与墓葬有关的礼仪遗存。③ 长江下游的良渚文化（前3300～前2000）的墓葬及其随葬品与建筑空间布局等清晰地揭示其是等级和信仰浓烈的社会。龙山文化晚期（约前2200～前1855）到新砦（约前1870～前1720）到二里头时期（约前1750～前1530）④ 是新石器时代以玉器、陶器、漆木器为主要礼仪用品向以玉器、青铜器、陶器和漆木器为主要礼仪用品转变的过渡期，其中有三种礼器在政治、经济和宗教权威象征中占据着显赫位置，其一是延续新石器时代与宴饮、祭祀礼仪相关的陶器传统的青铜礼器爵、斝、盉等酒器的出现，其二是延续新石器时代与王权、军权、身份威仪相关的玉石兵器传统的青铜戈、斧、钺等戎器的出现，其三是因革新石器时

---

① 刘莉、陈星灿：《中国考古学：旧石器时代晚期到早期青铜时代》，生活·读书·新知三联书店，2017，第261页。

② 严志斌、何努：《山西襄汾陶寺城址2002年发掘报告》，《考古学报》2005年第3期，第307～346页。

③ 陕西省考古研究所、榆林市文物保护研究所编《神木新华》，科学出版社，2005。

④ 张雪莲、仇士华等：《新砦－二里头－二里岗文化考古年代序列的建立与完善》，《考古》2007年第8期，第74～89页。

代玉石斧钺传统而来的玉质圭璋礼器的出现，一方面揭示了礼仪礼器传统及其信仰观念的因革延续，另一方面也显示了中央王权如何通过礼器如金（铜）玉尤其是玉质圭璋的掌控与颁赐掌控与周边地方的良性联盟，考古资料显示，最能彰显二里头文化时期的中国文化圈范围的就是脱胎于玉钺的玉圭/璋①，而这在神话叙事层面有"禹赐玄圭""赤乌衔圭"，在礼仪叙事层面则有自舜辑五瑞颁四方诸侯以来的赐圭-复圭及执圭以告以祀的传统，如商臣执圭以祀、周公植璧秉圭以告三太王、周王赐圭、赐璋与诸侯堇圭、堇璋，乃至延续到明清政教礼仪中。② 殷周之际的革命，在器物上最显著的变化就是青铜酒器退居其次，食器跃居为首，"列器"制度（列鼎、列簋、列璜）成为辨等别序的主要礼制话语建构方式。

综上所述，从人造器物制造和使用的历时性角度来看，礼仪用器——"礼器"是从日常生活"用器"中逐渐脱颖而出的，最初的礼仪用器主要用于致敬鬼神，丧葬仪式中陪葬的器物主要目的在于事死如事生，是满足逝者在另一个世界里的生活需要之器，不具备世俗辨等序别的功能，但已然有"器以藏礼"的萌芽之态，特别是旧石器时代末期和新石器时代中期以前墓葬的玉石器装饰品，与其说是远古人的审美诉求，不如说是玉石信仰背景下的辟邪驱疾的护身符乃至灵魂升天的法器。新石器时代中期以来，领袖人物或特殊人物的与众不同往往也是通过随葬的玉石器的质地、数量、器形、器类等来彰显就是很好的说明。换言之，自新石器时代早期以来一直到晚清帝王陵墓唯玉贴身而葬的丧葬礼仪，反映出深远的玉石信仰（玉石为神物、玉帛为二精）的力量，而自新石器时代晚期以来到晚清的玉礼器，如圭璧以祀、命圭制度、佩玉等，则是玉石信仰在世俗王权和世俗生命中的置换形式，即不仅用以区别或彰显身份、等级、财富，更重要的是世俗凡人与神圣力量之间的关联。因此，从这个意义上说，"藏礼之器"本身亦有内在等级，最高等级或最神秘的"礼器"是能够发挥沟通神灵祖先功能的神器如鼍鼓、玉帛（璧、琮、玄圭等）、龟瑞（瑞即玉圭），其次是象征权威的宝器或重器

---

① 孙庆伟：《礼失求诸野——试论"牙璋"的源流与名称》，《金玉交辉——商周考古、艺术与文化论文集》，"中央研究院"历史语言研究所会议论文集之十三，台北："中央研究院"历史语言研究所，2013年11月，第467~508页。

② 唐启翠：《玉圭如何"重述"中国》，《上海交通大学学报》2019年第1期，第107~118页。

如鼎、斧钺、镇圭、舆服等，再次是象征身份爵位之器如命圭、命服等，而饮食器如鼎簋豆笾尊彝爵斝盘匜等则可能同时兼具用器和礼器之功能，区分大约只在于使用的特殊时刻和空间。《周礼》中总结了吉凶宾军嘉五礼及其用器曰祭器、丧器、宾器、戎器、射器、乐器、舞器、彝器等，可谓对《周礼》之前的礼仪用器的一种总结，同时也开启了汉魏以后到明清的礼器传统。

　　墓葬随葬品中的礼器与用器或明器最显著的区别，就在材质好坏、工艺精粗和特殊纹饰的跨区域性。如沅江高庙文化遗址（距今 7800～6800 年）大型祭祀场和墓葬出土的獠牙兽面纹白陶器，即以材质－白陶、工艺－精工细作、纹饰－獠牙兽面纹、神鸟纹和太阳纹的跨区域性共性而显示其与他器不同，而在距今约 5700 年的一对夫妻合葬墓中出土的玉戚/钺、玉璜和玉玦则以其玉器质地、器类和精美工艺，显示着墓主身份的特殊与高贵，被发掘者视为首领夫妇墓。[①]

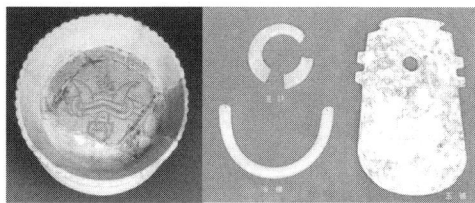

图 1　湖南沅江高庙遗址出土獠牙　　图 2　金坛三星　图 3　良渚文化玉钺，
　　　神面白陶盘与玉器　　　　　　　　村出土石钺　　　上海福泉山出土

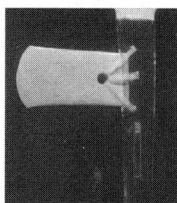

　　再如出土于金坛三星村的石钺（距今 6500～5500 年），就因其制作精良、装饰豪华考究而成为迄今所见最早最完整的礼仪石钺的代表，出土于山东大汶口文化的玉斧也因其材质、纹饰等视觉形象俨然成为"特殊之斧"，以及灵宝西坡仰韶文化大墓出土的玉钺与陶灶，红山文化祭坛墓出土的玉钺、勾云形器，良渚反山 M12 出土的琮王、钺王，等等，都是"融合了美学价值和社会价值，象征了拥有者控制和挥霍具有专门手艺的玉器工匠的巨额精力的能力，从而成为权力的形象化象征"[②]。精美庄严的礼器背后隐含的技

① 肖军：《高庙文化：新石器时代的"同位素"》，http：//www.sina.com.cn，2006 年 02 月 16 日，07：33 红网－湖南日报［2018－5－20］，高庙遗址出土玉器和白陶器图片亦采自此文。
② 巫鸿：《"大始"：中国古代玉器与礼器艺术之起源》，载《礼仪中的美术》，生活·读书·新知三联书店，2005，第 536 页。

术则是存在于社会环境之中艺术品（礼器）效力的本质所在，以其魅惑技术
"创造社会关系，并进而形成更深层次的社会关系和社会影响"①。

可见，"器"是从"备物致用，立成器以为天下利"（《易·系辞上》）
的器具、器物指涉，逐渐延伸指涉身份名位、爵位乃至国家王权的象征
物。故而，当卫国大夫仲叔于奚成功援救孙桓子并辞谢卫君的城邑之赏而
请曲县、繁缨以朝，卫君竟然答应了之后，仲尼闻之曰：

> 惜也，不如多与之邑。唯器与名，不可以假人，君之所司也。名
> 以出信，信以守器，器以藏礼，礼以行义，义以生利，利以平民，政
> 之大节也。若以假人，与人政也。政亡，则国家从之，弗可止也已。
> （《左传·成公二年》）②

孔子这里所说"器"具体指的就是仲叔于奚向卫君请赏的曲县与繁
缨，两者都是象征诸侯王身份之器。《周礼·春官》专设小胥以"正乐县
之位，王宫县，诸侯轩县，卿大夫判县，士特县，辨其声"，县即悬，指
钟磬等悬挂于乐架，古代天子乐器四面悬挂，像宫室四面有墙，故曰宫
县，诸侯王缺南面，像四方缺其一之形，即"曲"（ꓴ），谓之曲县，卿
大夫仅左、右两面悬挂故曰判县，士仅东面或阶间一面悬挂，故曰特县，
这是通过县之多寡表征身份等级之器，仲叔于奚是卫大夫，而请曲县，是
明目张胆的僭越礼制。繁缨，也是古代天子、诸侯车架之马的带饰，繁即
盘为马腹带，缨即马颈革，数之多寡显示地位尊卑。《周礼·春官》专设
有"巾车"之职"掌公车之政令，辨其用与其旗物而等叙之，以治其出
入"，其中王有五路，玉路樊缨十二就用于祭祀仪式，金路樊缨九就以宾、
同姓以封，象路樊缨七就以朝、异姓以封，革路条缨五就，以即戎、以封
四卫，木路前樊鹄缨以田、以封蕃国。《礼记·礼器》亦有"大路繁缨一
就，次路繁缨七就"表征以少为贵之礼。按照命服制度，曲县和繁缨皆为
卫君爵位名号的象征，而非卿大夫所能有，故汉贾谊《新书·审微》从此

---

① 〔英〕阿尔弗雷德·盖尔文：《魅惑的技术与技术的魅惑》，关祎译，《民族艺术》2013年第
5期。
② 杨伯峻：《春秋左传注》（修订版），中华书局，1995，第788~789页。

请器与赐器的行为中，窥视到叔孙于奚的僭越之心："叔孙于奚者，卫之大夫也。曲县者，卫君之乐体也；繁缨者，君之驾饰也。"①

可见，仲尼所言之器并非仅指曲县与繁缨，而是指涉器物所藏之礼和名——象征爵位、权威之器。掌器者即掌权者，让器即让权，故而政亡国亡不可止息。这说明，器并非只是器，器后有名分有信义和礼制。故而，清代经学家阮元总结孔说曰：

> 形而上者谓之道，形而下者谓之器。……先王之制器也，齐其度量，同其文字，别其尊卑。用之于朝觐燕飨，则见天子之尊，锡命之宠。虽有强国，不敢问鼎之轻重焉。用之于祭祀饮射，则见德功之美、勋赏之名，孝子孝孙，永享其祖考而宝用之焉。且天子、诸侯、卿大夫非有德位，保其富贵，则不能制其器；非有问学，通其文词，则不能铭其器。然则器者，先王所以驯天下尊王敬祖之心，教天下习礼博文之学。商祚六百，周祚八百，道与器皆不坠也。②

礼与器可谓一体两面，礼是器的意义、规范和观念，器则是"体现"或"凝聚"礼的物化载体，是礼之本质"通"（沟通天地神灵和祖先）、"别"（昭文章、明贵贱、辨等列）和"序"（顺少长、习威仪）③ 的直观呈现，是礼制话语建构和维护执行的符号见证。

礼器是如何以器物的身份进入礼制话语建构和执行实践中的呢？曰材质、曰器类、曰纹饰、曰数量等，这在考古学发现的丧葬礼仪中已经得到反观。而在商周秦汉以降的历史时期，更是有意识地将身份等级、权力威仪等化约为礼器和礼仪空间的多－少、高－低、大－小、文－素等几组关系中表述。如《礼器》所述：有以多为贵者如"豆"天子二十六，诸公十六，诸侯十二，上大夫八，下大夫六；席，天子五重，诸侯三重，大夫再

---

① （汉）贾谊：《新书》，上海古籍出版社，1989，第 24 页。

② （清）阮元：《积古斋钟鼎彝器款识序》，《擘经室三集》卷三，中华书局，1993。

③ 语出《左传隐公五年》：五年春，公将如棠观鱼者。臧僖伯谏曰："凡物不足以讲大事，其材不足以备器用，则君不举焉。君将纳民于轨物者也。故讲事以度轨量谓之轨，取材以章物采谓之物，不轨不物谓之乱政。乱政亟行，所以败也。故春蒐夏苗，秋狝冬狩，皆于农隙以讲事也。三年而治兵，入而振旅，归而饮至，以数军实。昭文章，明贵贱，辨等列，顺少长，习威仪也。"

重；天子葬五重八翣，诸侯三重六翣，大夫再重四翣。有以少为贵者如天子祭天大路繁缨一就，圭璋特，琥璜爵；有以大为贵者如宫室之量，器皿之度，棺椁之厚，丘封之大。有以小为贵者如宗庙之祭，贵者献以爵，贱者献以散，尊者举觯，卑者举角；五献之尊，门外缶，门内壶，君尊瓦甒。有以文为贵者如天子龙衮、诸侯黼、大夫黻、士玄衣纁裳，天子之冕，朱绿藻十有二旒，诸侯九，上大夫七，下大夫五，士三；有以素为贵者如大圭不琢、大羹不和、大路素而越席，牺尊疏布幂，樿杓等。① 这在《周礼》礼器之用中更为明显，详见后述。

因此，"礼"就是礼仪、礼义、礼器、礼仪空间（如宫庙建筑、墓地、祭坛等）等所构成的集观念－行为－器物符号于一体的话语体系和社会关系的象征性表征。重见天日的远古仪式遗存遗物和文献所载，都是曾经的礼义观念和礼仪行为的历史记忆和直观外显，是世人了解"过去"的窗口。在人类历史长河中，信仰观念和具体展演的礼仪行为已然消逝，然而承载和彰显其意义的有形可见的物化符号——礼器，依然可以直观地呈现在世人面前，成为探究古人礼仪的物证。个中缘由就在于礼的基本功能在"报本反始"和"文物以纪"，礼仪用器制作材料、技术、理念的"反本修古"和"可学可述"特性：

> 礼也者，反本修古，不忘其初者也。故凶事不诏，朝事以乐，醴酒之用，玄酒之尚，割刀之用，鸾刀之贵，莞簟之安，而稿鞂之设。是故先王之制礼也，必有主也，故可述而多学也。②

此论追述了"礼"之可承传性以及有形器物对于传承的重要意义。所谓礼，就是为了使人反其本性、遵循古制，不忘其初而制定的仪节。家遭凶丧，孝子不待召诰而悲自至，是反哀戚之本心；朝堂宴乐，反其和乐之本心，而养老乐贤、尊卑长幼之序存乎其中。祭礼中，醴酒罇（今用酒）和玄酒罇（上古清水）并设而以玄酒罇为尊，割刀（锋利今刀）和鸾刀（古刀）并设而以鸾刀为贵，莞簟（蒲席竹席，今席）与稿鞂（谷物秆编

---

① （清）孙希旦：《礼记集解》，中华书局，1989（2007），第 630~642 页。
② （清）孙希旦：《礼记集解》，中华书局，1989（2007），第 657 页。

织粗席，古祭天之席）并设而以稿鞂为尊，皆是反本修古不忘其初。由此可见，先王制礼践礼都有主旨，物有本末，时有古今，反之修之，则不忘其本，故而能够学而时习之，传而述承之。这里列举的乐器、尊彝、刀具、安席皆为礼仪中所用之器物，是物质化的礼器，而礼器的制作与使用，具有稳定性和可传承性。

三 礼器神话：礼制话语建构的信仰之根

"礼器神话"，是指围绕着礼器神圣来源、承传沿革和功用等进行的有意味的达成建构王权神授和社会秩序合理化意图的叙事。该神话叙事无论真实可信还是怪诞虚妄，对讲述者而言可以传达某种坚定不移的信念或信仰，借由追述过去以塑造现在，对当下礼仪秩序和礼器使用的神圣性和合法性给予根源性解释。礼器是一种象征性符号系统，礼器神话则是礼器神圣性信仰的话语结晶，与致敬鬼神的礼仪起源、王权神授神话或社会危机神话相关联，可谓礼制话语的信仰之根。

如"豊"字构型中的豆/豆和玉，几千年来一直是中国先民致敬鬼神和丧葬礼仪中最核心的礼器，为什么呢？因为它们都是用以通神之物。玉的信仰延续石的信仰而来，在人类起源神话中，石头被视为大地之母的骨头，是生命力的源泉，因此地母神以石为主要的物化形态①。而玉是石之美者，因此在文字书写的文献时代，不仅玉被视为君子之德和王权神授的象征物，直接被视为神物，而且群玉之山昆仑也是上天入地的神圣通道，人文始祖黄帝在昆仑玉山种玉食玉②，继而上溯为开天辟地的盘古大神齿骨、精髓所化③，并且是开天辟地斧——王权第一象征物斧钺的来源。考古学提供的物证也显示，石斧可谓人类文明进程中延续时间最长、用途最

---

① 中国各地的社神以立石为标志，甲骨文中的社、示皆为立石。东巴《除秽经》：斯人哈人的神石是作为禳鬼、除秽、镇灾的神石产生的。出现了神石后就有了立石的规矩。祭天时，立绿松石神石。祭地时，立黄金神石。明且大神立起黑墨玉神石，东巴罗什立起白银神石，余世补佐立起黄金神石，立三百六十个神石吟经作仪式。立起后，以镇鬼。

② 唐启翠：《體与禮：佩玉践礼与儒家神话礼仪》，《百色学院学报》2011年第3期。

③ 叶舒宪：《盘古精髓·女娲彩石·黄帝玄玉——中华创世神话考古专题"玉成中国丛书"总序》，《百色学院学报》2018年第6期。

广泛的第一工具，是新石器时代和历史时期诸多玉礼器的祖型，如钺璧圭璋等。① 对后世影响深远的"禹赐玄圭""赤乌衔圭""圭命"神话和圭璧以祀、青圭礼东方等礼仪的根脉或许就在于此。②

郑玄注《周礼·春官·宗伯》"以玉作六器"时说圆璧、方琮、圭、璋、琥、璜等"礼神者必象其类"，③ 即具有类神性，因而具有法力，生者以之礼拜神祇祖先，沟通天地生死两界；亡者以之陪葬借其法力令魂灵通于天地，或借之使肉身不坏。④ 此即《周礼》"疏璧琮以敛尸"及大丧供含玉的意义所在。在玉石神话叙事中，"名山大川，孔穴相通，和气所出，则生石脂、玉膏，食之不死，神龙灵龟行于穴中也"⑤。中国龙脉之祖昆仑玉山是天地之梯、宇宙之脐的圣山和原初"混沌"——生命孕育的地母子宫，⑥ 即"化生宇内"的玉体。可见，"玉"即生命之种，蕴含着生命化育之能量。其之所以成为儒家礼乐思想的核心象征物，就在于"玉"以其特有的音、质、形、态等兼具了两种根本性隐喻：种子和身体，即神圣生命力之源泉所在。这样就为人间帝王崇玉、食玉找到了原始礼仪之根源。而黄帝所种之玉，"君子服之，以御不祥"，"服"所兼具的食用和服饰双重体征含义，又为"君子玉不去身"之佩玉之礼找到了原始礼仪之源。至此，君子"玉不去身"、"礼乐斯须不去身"和"无理不动"的身体规训与"成圣"自控以及圣、灵、巫、王、礼、理、体等借助于一种特殊的物"玉"而形成一体，获得根源性映射与认同。⑦

"豊"中的第二个核心字符是"壴"，即"鼓"，在民族学、人类学调查的资料中，是比玉更活跃、更广泛的具有世界文化普遍性的仪式用器，在汉语文献的追述和中国境内非汉民族的神话－仪式叙事中，各类形式的

① 唐启翠：《从斧始初开到禹赐玄圭、青圭礼方：四重证据法重述中国创世神话传承》，待刊稿。
② 唐启翠：《玉圭如何"重述"中国》，《上海交通大学学报》2019年第1期。
③ 阮元校刻：《十三经注疏》，前引书，第762页。
④ 邓淑苹：《由考古实例论中国崇玉文化的形成与演变》，载杜正胜、黄进兴主编《中国考古学与历史学之整合研究》，中央研究院历史语言研究所出版品编辑委员，1997，第797页。
⑤ （晋）张华：《博物志》，见祝鸿杰译注《博物志全译》，贵州人民出版社，1992，第34页。
⑥ 详参叶舒宪等著《山海经的文化寻踪》（湖北人民出版社，2004）昆仑篇、混沌篇的详细考证。
⑦ 唐启翠：《體与禮：佩玉践形与儒家神话礼仪》，《百色学院学报》2011年第3期。

鼓如木鼓、铜鼓等，不仅是各类仪式活动的核心乐器，而且是雷神或始祖神在人间的化身，是聚众警戒神器也是通天神器。① 人造鼓就在于模拟天上的雷声，与天地鬼神沟通以获神佑。

与"豐"密切相关的"豆"，甲骨文写作 、、、、 等，取象于现实中的圈足高柄豆，与甲骨文中的"壴"十分近似，区别仅在上部的三叉形歧牙。这似乎也潜藏着壴-豆关联的某种信息。迄今考古所见豆器自萧山跨湖桥文化出现的第一只豆乃至前溯至上山遗址的圈足盘，一直到商周陶豆，豆器变化仅在柄部的高矮、真假腹、镂空与否，总体器形则保持着一贯连续性。豆在史前食器家族中，一直以量少显示其独特性，墓葬出土的豆内或见盛着猪蹄、鳄骨、猪头等骨肉类②，或见盛着玉器，表明其食器兼祭器的功能。毛传《诗·大雅·生民》"卬盛于豆，于豆于登"曰："木曰豆，瓦曰登。豆，荐菹醢也。"何休注《公羊传·桓公四年》"一曰干豆"曰："豆，祭器名，状如镫。"《史记·乐书》"簠簋俎豆制度文章，礼之器也。"唐张昭《汉宗庙乐舞辞》"荐豆奉觞亲玉几，配天合祖耀璇枢。"豆器虽小，然几千年来一直是食器、祭器的代表，是人神沟通的桥梁，也是"壴"的早期形态之一，成为表征"豐"义的构符之一。在《殷周金文集成》中，除了作为人名外，"豆"主要是祭器用以献享神灵和祖先：

单生乍羞豆用享。（单生豆）

周生乍尊豆。用享于宗室。（周生豆）

大师虘乍烝尊豆，用卲洛（各）朕文祖考，用祈多福，用匃永令（命），虘其永宝用享。（《大师虘豆》）

姬寏母乍大公……孝公、静公豆，用祈眉寿，永命多福，永宝用。（《姬寏母豆》）

霸伯作太庙宝尊彝，其孙孙子子万年永用。（《霸伯豆》）

① 张法：《鼙·鼛·夔：鼓在中国远古仪式之初的演进和地位》，《杭州师范大学学报》2016年第3期，第1~10页；赵富荣主编《拉木鼓》，光明日报出版社，2014，第19~23页；卜键：《建木与建鼓——对先秦典籍中一个人类文化学命题的考察》，《文献》2000年第4期。
② 南京博物院：《江苏邳县四户镇大墩子遗址探掘报告》，《考古学报》1964年第2期。

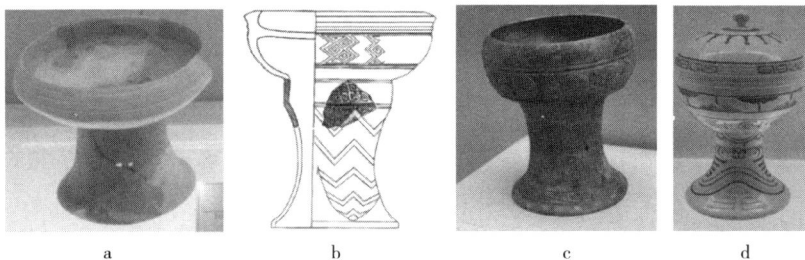

图 4　豆器的稳定传统
a. 跨湖桥陶豆　**b.** 侯家庄商代白陶豆　**c.** 西周霸伯豆　**d.** 清光绪瓷豆

进入王权神话叙事的最著名的炊食器大概是"鼎"，与之相关的神话有黄帝铸鼎引来神龙而乘龙升天①，夏禹铸鼎象物用协上下：

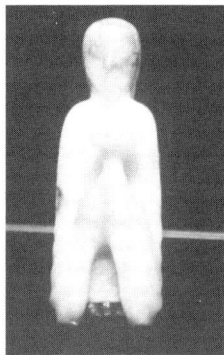

图 5　上博馆藏捧豆献食玉人

> 楚子伐陆浑之戎，遂至于洛，观兵于周疆。定王使王孙满劳楚子。楚子问鼎之大小轻重焉。对曰："在德不在鼎。昔夏之方有德也，远方图物，贡金九牧，铸鼎象物，百物而为之备，使民知神、奸。故民入川泽山林，不逢不若。螭魅罔两，莫能逢之，用能协于上下以承天休。桀有昏德，鼎迁于商，载祀六百。商纣暴虐，鼎迁于周。德之休明，虽小，重也。其建回昏乱，虽大，轻也。天祚明德，有所底止。成王定鼎于郏鄏，卜世三十，卜年七百，天所命也。周德虽衰，天命未改，鼎之轻重，未可问也。"（《左传·宣公三年》）②

> 巫马子谓子墨子曰："鬼神孰与圣人明智？"子墨子曰："鬼神之明智于圣人，犹聪耳明目之与聋瞽也。昔者夏后开使蜚廉折金于山川，而陶铸之于昆吾；是使翁难雉乙卜于白若之龟，曰：'鼎成三足而方，不炊而自烹，不举而自臧，不迁而自行。以祭于昆吾之虚，上

---

① 《史记·封禅书》"黄帝采首山铜，铸鼎於荆山下。鼎既成，有龙垂胡髯下迎黄帝。黄帝上骑，群臣后宫从上者七十馀人，龙乃上去。馀小臣不得上，乃悉持龙髯，龙髯拔，堕，堕黄帝之弓。百姓仰望黄帝既上天，乃抱其弓与胡髯号。"（汉）司马迁：《史记》，中华书局，1959［2007］，第1394页。

② 杨伯峻：《春秋左传注》（修订版），中华书局，1995，第669~672页。

乡！'"……九鼎既成，迁于三国。夏后氏失之，殷人受之；殷人失之，周人受之。夏后殷周之相受也，数百岁矣。使圣人聚其良臣，与其桀相而谋，岂能智数百岁之后哉？而鬼神智之。是故曰，鬼神之明智于圣人也，犹聪耳明目之与聋瞽也。（《墨子·耕柱》）①

闻昔泰帝（太昊）兴神鼎一，一者一统，天地万物所系终也。黄帝作宝鼎三，象天地人。禹收九牧之金，铸九鼎。皆尝亨鬺上帝鬼神。遭圣则兴，鼎迁于夏商。周德衰，宋之社亡，鼎乃沦没，伏而不见。……今鼎至甘泉，光润龙变，承休无疆……唯受命而帝者心知其意而合德焉。鼎宜见于祖祢，藏于帝庭，以合明应。（《史记·封禅书》）②

黄帝与夏禹能否用青铜铸鼎，考古尚不能提供证据，但用陶鼎陪葬事死如生却有不折不扣的七千年历史。自夏禹平治水土获赐玄圭，舜禹禅位，铸九鼎以象征九州一统，就成为最神秘象征天命所在的国之宝器了，史有"鼎玉"并称或"鼎玉龟符"并举，玉或指禹赐玄圭或指始皇玉玺，皆为传国之宝及天命符箓，如《南齐书·明帝纪》"昔中京沦覆，鼎玉东迁。"宋叶廷珪《海录碎事·帝王上》"干戈揖让取之也殊途，鼎玉龟符成之也一致。"皆为国家政权和天命帝位的象征，"定鼎"是国家政权建立的象征，"问鼎"暗寓夺权，而"鼎迁"则象征着失德败国。鼎和玉（玄圭或玉玺）最神秘的地方就在于能"不举而自臧，不迁而自行"，其深层则是表征天命之不以人的意志为转移，故而秦始皇可以得天下，可以自作玉玺，却无法获得天授的玄圭与九鼎。即使偶获鼎踪，也因天命不在而失之交臂，如《史记·秦始皇本纪》"始皇还，过彭城，斋戒祷祠，欲出周鼎泗水。使千人没水求之，弗得"，泗水捞鼎由此成为汉画像石/砖的经典图像，如 1985 年新野县樊集 24 号汉墓出土的泗水捞鼎画像砖，画面中央拱桥刻有"泗水桥"，桥正中偏右处立有羽葆飞扬的建鼓和执桴击鼓以舞的鼓人，泗水桥两端各有二人正拉绳提鼎，四人身体均向后倾斜，呈现出奋力拉绳之貌。绳子的下部已有缺口，表示断裂。桥下水面有一龙跃出，龙头左侧有一倾斜着的大鼎，鼎的下部连着断裂绳子的另一端，象征着龙齿

---

① （清）孙诒让：《墨子闲诂》，中华书局，2001，第 422~425 页。

② （汉）司马迁：《史记》，中华书局，1959［2007］，第 1392 页。

咬断了绳子。跃出水面的龙两侧各有一船，船上各有两人敲击乐器助威，似为惊吓出水之龙①（图7）。

图 6　上海福泉山出土崧泽文化红陶鼎（前 3800 ~ 前 3200 年）

图 7　新野县樊集 24 号汉墓出土泗水捞鼎画像砖拓片

　　综上可知，礼器作为礼义和礼仪的直观物化表征，具有双重性意义：既指形而下之器，也指形而上之道，还指向礼本身和履礼主体——人体，而礼器神话，一方面是确立道以器显，器以藏礼的观念，并将某些器物如玉、鼎、豆、玄圭、传国玉玺、鼍/鼗鼓等推到一个至高无上的"圣物""神器"位置，个中缘由在于该器物本身具有特殊的神性和魔力：具有唯一的不可替代性和高度隐匿的可自隐自现性，一旦获得即拥有至高无上的神秘权能，其深层支配性信仰就是天命所在、神灵、祖先护佑；另一方面，又在"扩己－虚己"身体思维模式下，将礼塑造为上致敬鬼神、中治国安民之器、下修身备德体信达顺之器，这显然是礼制话语得以建构和践行的信仰之根。

---

①　河南省南阳地区文物研究所：《新野樊集汉画像砖墓》，《考古学报》1990 年第 4 期，第 475 ~ 509、536 ~ 540 页。

地方文化遗产"家国天下"
叙事脉络研究

——以东北汉军旗香为例

谢 健[*]

摘要：文化遗产是由特定的族群创造的，也是在国家文明的大框架下形成的。通过对东北汉军旗香的叙事分析发现，"国家－族群－家族"成为当地文化遗产中的全息性叙事结构单位。仪式文本叙事建构了神圣而壮丽的国家意象、繁华美好的族群记忆以及"敬重母亲"的家庭观念。这些意象、记忆和观念都在仪式展演中实现了"文化再生产"，在一次又一次的仪式实践中重塑了地方民众的国家意识、族群认同和家庭观念。

关键词：地方仪式 国家 族群 叙事

近年来，由特定族群表演的地方仪式与"国家在场"成为文化遗产研究中的热点议题。这是由于，国家意识形态从未停止对地方仪式的规劝，[①]特定族群正是在对国家意志一次次的回应下，通过"国家符号"与仪式的绑定，为自身的信仰谋求合法性地位，取得了新的生存空间。[②]仪式是具有记忆存储功能的文化遗产，是集体记忆的载体。"在仪式中，口耳相传的记忆、基于文本的记忆和积淀在身体中的记忆都在持续地相互作用"[③]，它

---

* 谢健，哈尔滨工业大学（深圳）人文与社会科学学院助理教授，香港中文大学文化及宗教研究系博士，研究方向为民族文化文本叙事。

① 王玲：《"国家在场"视域下祁太秧歌的传承发展》，《音乐创作》2017年第4期，第128～130页。
② 凌晨：《国家在场与仪式歌唱——中越跨界壮—岱/侬族群"乜末"仪式的社会变迁》，《中国音乐》2019年第1期，第61～67页。
③ 杨兰、刘洋：《记忆与认同：苗族史诗〈亚鲁王〉历史记忆功能研究》，《贵州大学学报》（社会科学版）2018年第4期，第96页。

所记录的是一种"经过共同的语言、共同的知识和共同的回忆编码形成的'文化意义'"①。这种国家与民间社会的"相互在场"，促使地方仪式中保存了国家意志的大量信息，从而形成关于国家、族群的交错叙事。

东北汉军旗香是清中期形成的文化遗产。根据1982年满族音乐家石光伟发现的汉军旗香手抄《神本·坛续》中"圣祖仁皇帝三年二十九日祭龙坛"等语段可以看出，汉军旗香约形成于乾隆年间。作为明清从内地迁往东北，又与当地满族、蒙古族聚居杂处的移民族群，汉军旗人在长期的族群碰撞中形成了强烈的家国情怀，并在汉军旗香仪式中得到了集中呈现。其如何展开族群叙事与国家叙事，是本文研究之重点。

一 汉军旗香中的族群记忆与家族观念

"每一种社会群体皆有其对应的集体记忆，借此该群体得以凝聚及延续"，集体回忆"使当前的经验印象合理化的一种对过去的建构"。② 汉军旗人的家乡多为远在天边的云贵川等地，自身族群意识并不强烈。如沈阳西顺城街冉氏的族谱中便有"我冉氏始祖本系云南人，大清康熙二十四年（1685），拨来铁岭，标如正白旗汉军包衣"③ 等字样，本溪碱厂堡于氏旗香神本中就提道："老家祖早就在云南住，云南拨民来到关东。并东山住的年久，关东山下立祖坟茔。你要请客去云南路途远，不如到关东搬请亡魂。"再如新宾县木奇乡冷氏神本也提道："香主家早在云南住，康熙爷调兵到关东山。拨来关东关东住，关东黄土老坟安。"④ 这些云南移民自康熙年间移住关东，即把祖坟迁至关东，云贵川等西南地区也就成了汉人移民族群攀山涉水也难以企及的故乡，逐渐被淡忘。

进入关外，部分迁徙的汉人被编入旗籍，成为汉军旗人，与满人、蒙古族人共事："顺治元年（1644）设驻防盛京八旗满洲、蒙古、汉军八百

---

① 芒市非物质文化遗产保护中心编《达古达楞格莱标诗画集》，德宏民族出版社，2016，第146页。
② 王明珂：《华夏边缘——历史记忆与族群认同》，允晨文化公司，1997，第50页。
③ 王明珂：《华夏边缘——历史记忆与族群认同》，允晨文化公司，1997，第50页。
④ 任光伟：《东北汉军旗香的考察与研究》，台湾民俗文化基金会，2009，第74页。

名，箭匠、铁匠各十名。……（康熙）十三年（1674）增盛京驻防满洲、蒙古四百名，汉军每旗五十名，铁匠十名，箭匠八名，盖州五十四名。"① 在共事过程中，汉军旗人本身的族群意识被激发。旗香中关羽和曹操分别时有这么一段祭词："那边汉来那边乱，那边胡人来汉那边，披挂整齐向向往，对着妾身说周全。二爷说：那边也来汉，那边也来乱，乞有胡人来汉边……"② 其以汉、胡的华夷之别隐喻汉人与满人的族群之别用意显而易见。因此，在旗香仪式中，汉军旗人借助带有浓厚山东移民色彩的仪式角色"魏九郎"来叙述其族群历史，同时又在"过十山"仪式环节中着重阐述了其家庭观念，弥补了关于云贵川族群记忆的缺失。

（一）"魏九郎"承载的族群记忆

魏九郎是活跃于山东地方的仪式角色。兖州的砰砰鼓有铺坛、取水、演出、送神等环节，其主要敷演的内容便是魏九郎过七十二关（青龙关、白虎关、刀山关等）请天神救父还愿的故事。③ 在山东地方文化语境中，他是跟随唐太宗东征高丽的底层牵马兵士。临沂七字句"姑娘腔"有唱段如下：

> 九郎拉马到林东，青杨树起在半悬空。青杨树上青鸶叫，唐王跨马去征东。……九郎催马到林南，石榴花开火阳山。④

魏九郎是一名低贱的下等士兵，也为那些在征东战争中被繁重的劳役折磨致死或战死异乡的底层兵士招魂：

> 今晚上高搭起灵棚，桌子摆下化缘会。魏九郎登程，一马旋在荒郊野外中。高吆喝三声，低吆喝三声。或是养马共当差？或是他乡在外死？九郎观罢回来路。早请亡灵，来府谢化缘会。⑤

---

① （清）官修：《大清会典则例·八旗都统》卷一百七十四，清文渊阁四库全书本。
② 张晓光：《汉军旗香渊源辨析》，《满族研究》1989年第3期，第38页。
③ 纪根垠：《谈〔山东姑娘腔〕》，中国艺术研究院戏曲研究所《戏曲研究》第42辑，文化艺术出版社，1992，第34页。
④ 纪根垠：《谈〔山东姑娘腔〕》，中国艺术研究院戏曲研究所《戏曲研究》第42辑，文化艺术出版社，1992，第35页。
⑤ 临沂地区行署文化局"山东柳琴戏"调查研究小组：《山东柳琴戏》，油印本，1981年10月。

作为一位家在山东登州府的神灵，魏九郎被寄托了闯关东的山东父老乡亲无尽的乡愁，每做旗香仪式，必下山东请九郎：

> 点点关东庙神请在位，怎没请山东九郎神灵。有心不把九郎搬请，谁请天神谁请坟茔。有心去把九郎搬请，想不起那位庙神能上山东。神前打鼓暗思想，忽想起庚辛金，吃酒的范门先行。山东九郎得先行你去请，你替东家请客上山东。①

不仅如此，东北旗香香卷还借下山东的使者之口，对魏九郎的山东故乡——登州府②不吝笔墨地做了细细描述，一座繁华热闹的明清市镇跃然纸上：

> 远远看着南海登州城。远看登州赛知府，又看登州赛皇城。……城门好比仙人洞，来来往往不断人行。先行马上留神看，城里景致观看分明。道南卖的牛羊肉，道北卖的韭菜葱，道东包子才出屉。道西的馒头热腾腾，道南卖的打瓜籽，道北卖的落花生。瓷器铺里碗落碗，黄酒馆里盅罗盅，烧锅当铺彩红褂，绸缎铺里高挂红绒。③

跟山东地方曲艺《姑娘腔》相比，魏九郎在旗香香卷中的形象也产生了较大的改变，从低贱卑微的征东兵士摇身变成锦袍加身的威武战神："九郎打开盔甲库，取出盔靠大放光明。九郎头戴凤翅盔双金罩顶，碗大红缨颤盈盈。身穿大红袍半文半武，里穿梭子外跨龙。"④被神化的魏九郎成了汉军旗人的乡愁所在，是东北汉人族群眷恋故土的精神图腾。

（二）"过十山"中的家族观念

"过十山"是旗香仪式中"请亡魂"环节中的重要仪式节目。魏九郎

---

① 冷树伟口述，孙英、任光伟记录，任光伟校订注释：《汉军旗烧香香卷（冷树伟本）》，任光伟：《东北汉军旗香的考察与研究》，台湾民俗文化基金会，2009，第96~97页。
② 清代府治蓬莱，辖境主要为现今烟台市和威海市。
③ 冷树伟口述，孙英、任光伟记录，任光伟校订注释：《汉军旗烧香香卷（冷树伟本）》，任光伟：《东北汉军旗香的考察与研究》，台湾民俗文化基金会，2009，第98页。
④ 冷树伟口述，孙英、任光伟记录，任光伟校订注释：《汉军旗烧香香卷（冷树伟本）》，任光伟：《东北汉军旗香的考察与研究》，台湾民俗文化基金会，2009，第99页。

上达天宫下至地府为香主请出十辈亡魂后，还要带亡魂穿过饿狗山、浑水湾、夫妻山、恶蟒山、蒺藜山、界牌关、果木园、恐怖滑油山、阴阳关、五道山、狂风山共十道关口，最后才能到达香主家中安座，这一过程也称为"过十山"。

这一路上可谓险象环生，在饿狗山上，"三条青狗扯衣角，四条黄狗把路拦。亡魂害怕不敢走，吓得浑身打颤颤"①；过恶蟒山，"小蟒倒有乌虫大，大蟒不大赛过梁。亡魂一见没敢走，心里害怕发了慌"②；再如过蒺藜山，"许多蒺藜足下黏。扎得亡魂疼难忍"③。亡魂过十山回到香主家中受祭，是个极其艰辛的旅程。

在这个艰辛险恶的旅程中，"救母""孝母"是叙事主题。浑水关一节，"浑水"源自"妇女初一十五乱倒水，阳间泼水流到阴间"。因此，妇女死后须在阴间受罚，把曾经倒出脏水喝干净："喝不干湾里水，要想托生难上难。"阳间的儿女只能烧化纸牛，让老牛下到阴间"前腿跪倒咕咚咚脏水喝干"④，让逝去的母亲早日脱离困苦。

界牌关中有一座二郎神庙是为纪念"劈山救母"的二郎神而建。二郎神的母亲勤恳持家，却无端遭了陷害："我母洗衣污海水，怒恼东海老龙王。……我的亲娘被拿，桃花岗压住我的娘。"⑤ 二郎神持斧开山，"母子抱头哭一场。哭罢扬起斧子砍一顿，砍碎山石背起娘"⑥。母子情深，让人动容。

不光孝儿孝女"救母""孝母"，动物生灵也有此灵性。在果木园孙膑庙看守果园的小白猿，其母亲曾得重病"要有鲜桃病能好，要无鲜桃命归

---

① 冷树伟口述，孙英、任光伟记录，任光伟校订注释：《汉军旗烧香香卷（冷树伟本）》，任光伟：《东北汉军旗香的考察与研究》，台湾民俗文化基金会，2009，第 117 页。
② 冷树伟口述，孙英、任光伟记录，任光伟校订注释：《汉军旗烧香香卷（冷树伟本）》，任光伟：《东北汉军旗香的考察与研究》，台湾民俗文化基金会，2009，第 119 页。
③ 冷树伟口述，孙英、任光伟记录，任光伟校订注释：《汉军旗烧香香卷（冷树伟本）》，任光伟：《东北汉军旗香的考察与研究》，台湾民俗文化基金会，2009，第 117 页。
④ 冷树伟口述，孙英、任光伟记录，任光伟校订注释：《汉军旗烧香香卷（冷树伟本）》，任光伟：《东北汉军旗香的考察与研究》，台湾民俗文化基金会，2009，第 117～118 页。
⑤ 冷树伟口述，孙英、任光伟记录，任光伟校订注释：《汉军旗烧香香卷（冷树伟本）》，任光伟：《东北汉军旗香的考察与研究》，台湾民俗文化基金会，2009，第 120 页。
⑥ 冷树伟口述，孙英、任光伟记录，任光伟校订注释：《汉军旗烧香香卷（冷树伟本）》，任光伟：《东北汉军旗香的考察与研究》，台湾民俗文化基金会，2009，第 121 页。

黄泉"①。小白猿冒死到孙膑庙中的果木园盗取鲜桃，感动孙膑准其带鲜桃回家救母，传为佳话："父母恩情重如泰山。父亲恩情倒也好报，丧盆落地就算报完。母亲恩情实在难报，一辈子到老报也报不全。"② "救母""孝母"是旗香反复吟唱的家庭主题。

明清时期的东北，地广人稀，汉人族群在苦寒的气候下面对猛兽侵袭、沙俄扰乱和族群歧视，生存艰难。在这般险恶的环境下，含辛茹苦为族群延续血脉、将孩子抚育长大的女性也就更值得敬重。旗香神本的母亲崇拜和家庭叙事，是其家园意识的体现。

二 汉军旗香中的国家叙事

根据美国人类学家萨林斯（Marshall Sahlin）的历史人类学研究，历史事件一旦成型，就会在社会文化结构中获得相应的诠释，并在这种诠释体系中被反复地叙述，直到最终成为一种包含了真实历史事件和虚构思想的集体记忆。

"唐王东征"是东北地区以贞观年间唐太宗东征高丽这一历史事件为原型，在明清"闯关东"的山东等地民间艺人吟唱中逐渐成型的神话传说，也是旗香叙事的重要主题。

高丽，古称高句丽，是活跃在中国东北地区和朝鲜半岛北部的一个地方政权。有隋一代，中央王朝先后于大业八年（612）、九年（613）以及十年（614）三度对高丽用兵，深陷高丽的隋朝将士数十万。至贞观十九年（645），唐太宗忌惮高丽王朝长期以来的不臣之心，终"发天下甲士，召募十万，并趣平壤，以伐高丽"③，此是太宗时期最大规模的一次征东。据学者考证，"贞观十九年唐太宗亲征之役，唐军共获高句丽户约六万、口十八万人，俘虏与接受投降的高句丽军士约六万七千人。战后，唐军将

---

① 冷树伟口述，孙英、任光伟记录，任光伟校订注释：《汉军旗烧香香卷（冷树伟本）》，任光伟：《东北汉军旗香的考察与研究》，台湾民俗文化基金会，2009，第121页。

② 冷树伟口述，孙英、任光伟记录，任光伟校订注释：《汉军旗烧香香卷（冷树伟本）》，任光伟：《东北汉军旗香的考察与研究》，台湾民俗文化基金会，2009，第118页。

③ （后晋）刘昫：《旧唐书·太宗本纪下》卷3，中华书局，1975，第57页。

所获高句丽户口与俘虏全部迁往内地,保守估计人数总计约二十四万人"①,实为一个庞大的数字。

贞观年间,朝廷也以国家名义对征高丽将士骸骨举行收祭仪式。贞观四年(630),唐太宗遣使往高丽毁京观时,"收隋人骸骨,祭而葬之"②;贞观十九年(645)太宗征辽之时,沿途见昔日"隋师度辽"时,"从军士卒,骸骨相望,遍于原野",唐太宗亦专门颁布《收瘗征辽士卒诏》,曰"掩骼之义,抑惟先典。其令并收瘗之"③。唐太宗征东归朝时,路过柳城,"招集战亡人骸骨,设太牢以祭之"④,太宗"亲制祭文,临奠入哀"⑤,且"恸哭尽哀,无不洒泣"⑥。"唐王东征"是通过仪式在包括东北地区在内的举国百姓心目中确立国家意识的重要历史事件,是国家符号在民众心目中的展示。

(一)旗香中的补偿性国家叙事

唐王征东的传说贯穿汉军旗香仪式的始终,如旗香神本头铺鼓的《铺坛》开篇便唱道:"香招义门领袖弟子一坛会友,来至施主家神堂,无事不敢打动唐朝十六花钱鼓";"请吴月师"环节中有"徐茂公留下压衣神帽,吴月老师留下了鼓鞭,唐王征东十二载,留下了烧香把愿还"等香词;在搭棚、勾亡魂圈子、接地神等环节也有"唐王勒马来吩咐,屈死冤魂你要听……阎工不收冤死鬼,留在阳间赶浆水""唐朝人马要回京,头回望江江没封。二回望海海没冻,江也没冻海也没封,唐朝人马怎么回京?"⑦等香词;送神中也有"江(浆)水饭瓢三张纸,壶中好酒点三巡。出了大门西南送,打发唐朝淹死的兵"⑧唱段,给唐朝亡魂送祭品,打发他们远离祭主的家。

---

① 赵智滨:《唐太宗亲征之役高句丽人移民内地人数考》,《通化师范学院学报》(人文社会科学)2015年第5期,第12页。

② (后晋)刘昫:《旧唐书·太宗本纪下》卷3,中华书局,1975,第41页。

③ (清)董浩等编《全唐文》卷7,中华书局,1983,第90页。

④ (唐)杜佑:《通典》卷152,中华书局,1988,第3883页。

⑤ (宋)宋敏求:《唐大诏令集》,商务印书馆,1959,第596页。

⑥ (唐)杜佑:《通典》卷152,中华书局,1988,第3883页。

⑦ 冯志莲:《关东"民香"的历史渊源及社会影响》,《乐府新声》(沈阳音乐学院学报)2003年第1期,第38页。

⑧ 郑德、赵丽娜:《汉军萨满祭祀与神歌"唐王征东"》,《黑龙江民族丛刊》2016年第4期,第108页。

唐太宗东征，战士死伤无数。对于战死将士骸骨的收祭，入唐之初国家曾有明文规定："有死于行阵"者，"如贼境死者，单酌祭酹，墓深四尺主，将使人临哭；内地非贼境死者，准前祭哭，递送本贯"①，祭仪简陋，且时间仓促，不足以寄托哀思。从当时的史料来看，时人相信，未能妥善安置之亡魂不仅发出怨叹，而且会作祟，将士之魂更为强韧，足以扰乱阳间。据《资治通鉴》记载，武德元年（618），枭雄薛举曾与太宗李世民发生激烈战斗，当时"会世民得疟疾，……战于浅水原，八总管皆败，士卒死者什五六，大将军慕容罗睺、李安远、刘弘基皆没，世民引兵还长安"，伤亡惨重。薛举大获全胜，"遂拔高墌，收唐兵死者为京观"②。然不久，薛举欲再攻唐，却在临阵前突发暴病，召请巫祝，"巫言唐兵为祟，举恶之，未几而死"③。唐太宗时期对深陷辽东的将士骸骨作了三次大规模的收祭，然而前两次皆针对隋末将士，唯有贞观十九年（645）的柳城大祭是为唐军将士而作，远不足以抚平民众的怨气。为拔度在征东中阵亡的唐军将士，唐太宗亦同年于燕京兴建悯忠寺，惜未及建成，唐太宗便已去世。旗香中对唐军将士的叙事，是出于对历史中唐军征辽将士死后魂魄不安的补偿心理而作的民间叙事，体现出汉军旗人哀恸国殇的慈悲心怀。

（二）旗香中的神圣化国家叙事

对唐王东征过程的神圣化叙事，是旗香国家叙事中的另一个特色。旗香首铺鼓《铺坛》中有一处对唐太宗过辽泽时的造桥叙事，极为丰满立体：

> 皇上圣旨下到海中去，四海龙王接驾离开龙宫。带领着虾兵蟹将来接驾，唐王说声免朝拜，风平浪静海水绿澄澄。一夜之功连船浮桥已搭好，原来是鱼鳖虾蟹齐集船底中。虾兵蟹将成千上万齐举手，跨海浮桥连接得紧绷绷。四海龙王怀抱令旗来督战，镇定海水不起风。④

---

① （唐）杜佑：《通典》卷152，中华书局，1988，第3883页。
② （宋）司马光编著，（元）胡三省音注：《资治通鉴·唐纪一》卷185，中华书局，1956，第5801页。
③ （后晋）刘昫：《旧唐书·薛举传》卷55，中华书局，1975，第2247页。
④ 冷树伟口述，孙英、任光伟记录，任光伟校订注释：《汉军旗烧香香卷（冷树伟本）》，任光伟：《东北汉军旗香的考察与研究》，台湾民俗文化基金会，2009，第86页。

唐太宗征东期间甚少建桥，以免劳民伤财："朕所过，营顿毋伤，食毋丰怪，水可涉者勿造桥梁。"① 据《旧唐书·阎立德传》所载，唐太宗征东高丽造桥，是迫不得已的无奈之举："及师旅至辽泽，东西二百余里泥淖，人马不通。立德填道造桥，兵无留碍，太宗甚悦。"② 据《资治通鉴》所记，阎立德造桥后，"军不留行，壬申，渡泽东"③。丁丑月，"车驾渡辽水，撤桥，以坚士卒之心"④。唐王行军沼泽，造桥、撤桥等一系列事件被神化成龙王施法与真龙天子慧眼破法的结果，体现出民众对"国家"的神圣构建。

（三）旗香中流露的国家自豪感

旗香文本中也多次流露出强烈的国家认同感与自豪感。旗香首铺鼓《铺坛》这样述说唐王征东之缘由："盖苏文几次三番打下战表，战表打到西地长安城。咱们两下子东海岸边摆战场，将对将来兵对兵。小战打它个七七四十九，大战一百天定输赢"⑤，充满了大国子民的自豪感和自信心。此外，首铺鼓多次出现"为了江山要点兵""我主万岁洪福大，为了江山必得御驾亲征""军师说我主要关心江山大事情，不征败反王盖苏文天下不稳"等带有"江山""天下""万岁"等富有国家社稷色彩的字样，唐太宗决定征东一事也在旗香神本中经由"神仙点化"的情节被赋予了"保江山太平"的神圣意义：

> 万岁爷你老人家做梦观过景，有个白袍小将把壁梁击。这本是上方神仙来点化，御驾亲征江山能太平。过三军浩浩荡荡，过东海一鼓就扫平盖苏文。唐王一听好好好，齐心合力征服辽东。⑥

东北旗香通过对"唐王征东"的补偿性和神圣性叙事，塑造出神圣而

---

① （宋）欧阳修、（宋）宋祁：《新唐书·高丽传》卷220，中华书局，1975，第6189~6190页。
② （后晋）刘昫：《旧唐书·阎立德传》卷77，中华书局，1975，第2679页。
③ （宋）司马光编著，（元）胡三省音注：《资治通鉴·唐纪十三》卷197，中华书局，1956，中华书局，1956，第6220页。
④ （宋）司马光编著，（元）胡三省音注：《资治通鉴·唐纪十三》卷197，第6220页。
⑤ 冷树伟口述，孙英、任光伟记录，任光伟校订注释：《汉军旗烧香香卷（冷树伟本）》，任光伟：《东北汉军旗香的考察与研究》，台湾民俗文化基金会，2009，第85页。
⑥ 冷树伟口述，孙英、任光伟记录，任光伟校订注释：《汉军旗烧香香卷（冷树伟本）》，任光伟：《东北汉军旗香的考察与研究》，台湾民俗文化基金会，2009，第85页。

壮丽的国家意象，体现出大国子民的自豪和自信。

三 仪式叙事的"再生产"

利科（Paul Ricoeur）曾指出，"在文本'场地'（lieu）里进行的转换——这个场地是一种豁免（non – lieu）——构建了就文本而言的特殊规划"①。在东北汉军旗香的叙事场域中，国家是辉煌和神圣的，是强大而富有力量的；族群的迁徙与国家的驱策有关，家庭则在国家的庇佑下繁衍生息。可以说，这个"被言语所呈现（présenté）"的世界就是"一种文学想象物"②。我们可据此建构出一个代表地方民众对所属正统文化秩序构想的自身 – 意识形态模型（immediate – ideological model）③：

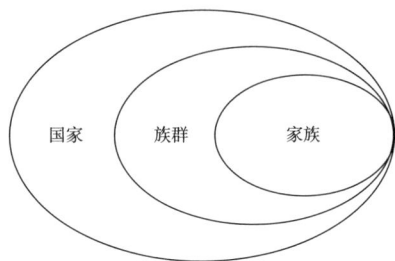

图1 东北汉军旗香呈现的自身 – 意识形态模型

仪式作为国家、族群和家族社会权力结构的反映，其"社会结构再生产"④ 的濡化特质是不容忽视的。从文化再生（culture reproduction）的角

---

① 〔法〕保罗·利科：《从文本到行动》，夏小燕译，华东师范大学出版社，2015，第157页。
② 〔法〕保罗·利科：《从文本到行动》，夏小燕译，华东师范大学出版社，2015，第154页。
③ 英国人类学家华德英（Barbara Elsie Ward）在回应列维 – 斯特劳斯（Claude Lévi – Strauss）的意识模型时提出每个中国人的脑海中都存在着三种不同类型的意识模型，即自身模型（immediate model）、意识形态模型（ideological model）和局内观察者模型（internal observer's model）。其中自身模型是对自身文化制度的构想，意识形态模型是对正统社会文化秩序的构想，局内观察者模型是对其他族群文化秩序的构想。本文使用"意识形态模型"这一个概念的同时认为，民众对于自身的文化制度的构想是在国家文化的秩序下形成的，也就是说，自身模型和意识形态模型应当是合一的，是统一在一个意识模型当中的。
④ Philip Chesley Baity, *Religion in a Chinese Town*, Taipei：Orient Cultural Service，1975；P. Steven Sangren, *History and Magical Power in a Chinese Community*, Stanford：Stanford University Press，1987.

度来看，"社会的支配秩序依靠的是一种看不见的、沉默的暴力"①。这种沉默的暴力是一种文化在代际传递过程中树立起来的权威，是"通过赋予制度秩序实际的强制性一种规范的尊严"②，社会文化必须通过不断的"再生产"才能维护社会的协调与延续。

汉军旗香在仪式实践中重复生产了这个意识形态模型。在旗香仪式中，种种带有"唐王东征"色彩的器物被放置其中：富有唐太宗征东隐喻之"旗像"、象征唐军大旗的旗帜、隐喻唐君大将"大刀王君可"的铡刀以及蕴含着薛仁贵三箭退突厥历史事件的弓箭都是旗香中的主要物像。其中所谓的"旗像"，"是两个或四个用玉米秸秆与彩纸扎制成的伞状物。外层披挂着彩纸剪成的波浪纹的'旗衣'，象征唐王军队跨海征东；旗像竖立在大门两侧，代表着唐王军队的大纛、宫殿和营盘"。旗像对于旗香仪式而言是很重要的，"当旗像制作完成后，意味着祭祀活动开始；当旗像被焚化掉时，意味着祭祀活动结束"③，它贯穿祭祀过程的始终。唐初的国家意象、明清的移民记忆以及当下的家族观念，这些时间轴上任意的瞬间（instant quelconque）与活跃的当下（présent vivant）都在仪式实践的特定时空中被塑形（configuration）和重新塑形（refiguration），形成了一个新的"叙述时间"④。

通过对仪式表演的观赏，人们同时认同了自己是这个富有道德伦理意识的家族中的成员，是这个拥有现实基础和神话记忆的族群中的成员，也是这个壮丽辉煌神圣国家中的成员。意象、记忆和观念也就在仪式的实践叙事展演中实现了"文化再生产"，一次又一次地强化了地方民众在国家、族群、家庭单位下的身份认同，成为地方性国家意识、族群认同、家庭观念向外传播的载体。

---

① 胡春光、杨宁芳：《布迪厄的教育社会学思想除魅——作为符号权力的文化》，《外国教育研究》2005年第7期，第11页。
② 〔美〕彼得·伯格（Peter Berger）、〔美〕托马斯·卢克曼（Thomas Luckmann）：《现实的社会构建》，汪涌译，北京大学出版社，2009，第77页。
③ 郑德、赵丽娜：《汉军萨满祭祀与神歌"唐王征东"》，《黑龙江民族丛刊》2016年第4期，第109页。
④ 夏小燕：《从自己到自己的距离有多远？——试论利科思想中的一个合页：理解自己》，〔法〕保罗·利科：《从文本到行动》，夏小燕译，华东师范大学出版社，2015，第22页。

作为明清从内地迁往东北，又与当地满族、蒙古族聚居杂处的移民族群，汉军旗人在与国家、族群的长期碰撞中形成了强烈的家国情怀。这种国家与族群乃至个体的意识碰撞在汉军旗香仪式中得到了集中呈现。国家、族群、家庭的交错叙事体现出汉军旗人强烈的家国情怀。这些情怀在一次次的仪式展演中得以再生产，构筑了当地民间社会的国家意识、族群认同以及家庭观念。

《南越笔记》文献学及民俗学研究

刘隽敏 *

摘要：《南越笔记》十六卷，由清代李调元编纂，是一部介绍广东地区风土人情的笔记体著作。本文共分文献学与民俗学两部分对该书进行研究。在文献学研究部分，首先介绍编纂者李调元的生平及全书主要内容，其次探讨《南越笔记》与《广东新语》二书的关系，最后介绍《南越笔记》的版本情况。《南越笔记》中包含丰富的民俗资料，在民俗学研究部分，本文选取其中有关岁时节令、民间饮食、民间谚语及民间歌谣的四类材料中有代表性的条目进行具体分析，并探讨《南越笔记》对于本土民俗学研究具有的重要意义。

关键词：《南越笔记》 李调元　《广东新语》 屈大均　清代民俗

一　《南越笔记》文献学研究

《南越笔记》十六卷，由清代李调元编纂，是一部介绍广东地区风土人情的笔记体著作。李氏在屈大均《广东新语》一书的基础上加以删减、改动、增补，并重新编排而成《南越笔记》。全书内容广泛，分条目记录了粤地的地理、物产、民俗等诸多方面，对于研究清代岭南地区的自然及人文状况具有重要意义。

（一）编纂者生平及全书主要内容

李调元（1734～1803），字羹堂，号雨村，四川绵州（今绵阳）人，是继司马相如、扬雄、苏轼、杨慎之后又一位百科全书式的巴蜀文化巨

＊　刘隽敏，哥伦比亚大学东亚研究方向硕士，北京大学中文系学士，研究方向为历史民俗学。

人，在文学、戏剧、藏书、辑校、民俗等方面均有所建树。李氏著述对于近古蜀学的奠定和四川本土文化史研究具有里程碑式的意义，四川省民俗学会、中共罗江县委、罗江县人民政府联合举办了"四川省李调元学术研讨会"，并于 2005 年出版研究论文集《李调元研究》，收录相关论文三十余篇，较大程度地推动了"李学"的发展和弘扬。李氏一生大部分时间活动于江南和京畿地区，其艺术创作和学术思想广受各地文化影响，因此其创作和论述并不仅仅是巴蜀地方性的，更是属于全国文史学术界的。总体而言，"李学"的研究正呈不断上升之势，但仍有较大发展空间，本文的目的之一便是进一步探讨李氏对于巴蜀以外地域的学术研究及其在蜀学以外的学术成就。

李调元一生曾两度来粤任职。乾隆三十九年（1774）任广东乡试副考官，五月奉命，九月回京，此次在粤时间较短；乾隆四十二年（1777）任广东提督学政，十一月到任，至四十五年（1780）七月任满回京，前后历时近三年，《南越笔记》（以下简称《笔记》）当成书于此时。在《笔记》书前的序文中，李氏介绍了该书的编撰背景：

> 予自甲午典试粤东，惜所游览仅五羊城而止，虽欲征之前贤所记而未逮也。岁次丁酉之冬，复来视学，此古太史辀轩采访之职也，遂得遍历全省诸郡县……畴见昔人著述，诧为怪怪奇奇惊心眩目者，至是又不觉知其或失则诬，或当于理，而因为之弃取焉，且因为之上下草木鸟兽各纵其类焉。书成，计一十有六卷。敢曰《尔雅》注鱼虫，壮夫不为也，亦聊以广箧中之见闻尔。[①]

在粤视学期间，李氏得以遍历全省诸郡县，亲身体察当地风土民俗、山川地貌、奇景异物、草木鸟兽。在此实践基础上，李氏便能够对"昔人著述"做出合理的评价，对于其中"载而莫阐其理者"，可以征信而核实，而那些"怪怪奇奇惊心眩目者"，则可以判断其真伪。由此可知，《笔记》的编撰体现了昔人著述与个人体验的结合，李氏的主要工作有二，一是对

---

① （清）李调元：《南越笔记》，《丛书集成初编》3125～3127 册，商务印书馆，1936，第 1 页。下文凡引自该书者皆不注明出处。

前人著述内容加以选择，二是将相关内容分类编排。至于编书缘由及意义，李氏则直言为"广箧中之见闻尔"。《笔记》共十六卷，每卷内分条目编排。全书总计 452 个条目，11 万余字，涵盖了粤地的民俗、地理、物产等诸多方面，足可以使读者广见闻而开眼界。

（二）《南越笔记》与《广东新语》

1. 屈大均及《广东新语》简介

屈大均（1630~1696），原名邵龙（后改为绍隆），字泠君、华夫等，广东番禺人。生在王朝更迭的动荡时代，屈氏具有强烈的民族意识和反清复明思想，多次参与抗清斗争，一生不仕清朝。

《广东新语》（以下简称《新语》）共二十八卷，每卷一语。各卷内分条目编排，总计 869 个条目，44 万余字。屈氏"考方舆，披志乘，验之以身经，征之以目睹，久而成《新语》一书"①，旨在补前人所修《广东通志》之不足，客观记述粤地的自然及人文，同时也寄予了自己作为明朝遗民的政治感慨和世事讽喻，具有强烈的现实关怀。②

屈氏的反清思想在其著作中时有流露，终于在其逝世后三十余年招致了文字狱。雍正八年（1730）十月，广东巡抚傅泰奏道："翁山、元孝书文中多有悖逆之词，隐藏抑郁不平之气，又将前朝称呼之处俱空抬一字，惟屈翁山为最。"③ 朝廷下令将屈氏剒尸枭示（后雍正下旨因其子自首而免

---

① （清）屈大均：《广东新语》，中华书局，1985，第 1 页。下文凡引自该书者皆不注明出处。
② 如地语"迁海"条记述了清廷无视民生疾苦的迁海政策，直言"自有粤东以来，生灵之祸莫惨于此"；又如事语"贪吏"条猛烈地抨击了贪官污吏以及官商一体现象对于百姓的压榨，并在结尾处叹曰："在昔国之富藏之于民，今也藏之于官，复藏于官而贾者，藏于贾而官者。民日穷而盗贼日炽，其祸不知所底，非有圣君贤相，端本澄源，以节俭为之倡率，禁难得之货，明贪墨之刑，则东粤一隅，何以有匹夫匹妇之性命也哉！噫！"《新语》中也保存了许多屈氏诗歌，其间或多或少渗透着诗人的民族意识和反清复明思想。如木语"木棉"条，借咏木棉花（木棉又名英雄树）以歌颂为反清复明而献身的英雄志士，诗曰："十丈珊瑚是木棉，花开红比朝霞鲜。天南树树皆烽火，不及攀枝花可怜。南海祠前十余树，祝融旌节花中驻。烛龙衔出似金盘，火凤巢来成绛羽。收香一一立华须，吐绶纷纷饮花乳。参天古干争盘拿，花时无叶何粉葩。白缀枝枝胡蝶茧，红烧朵朵芙蓉砂。受命炎洲丽无匹，太阳烈气成嘉实。扶桑久已摧为薪，独有此花擎日出。"
③ 上海书店出版社编《清代文字狱档》，上海书店出版社，2007，第 129 页。

除），禁毁其著述，子孙流配福建。乾隆时修《四库全书》，屈氏著作被列入军机处奏准销毁书目，其族人也曾因藏有其书而受到牵连。乾隆四十年（1775）十一月上谕中更指斥屈氏道："金堡、屈大均辈之幸生畏死，诡托缁流，均属丧心无耻。若辈果能死耶，则今日亦当在予旌之列，乃既不能舍命，而犹假语言文字以自图掩饰其偷生，是必当明斥其进退无据之非，以隐殛其冥漠不灵之魄。"①

2.《南越笔记》对《广东新语》的改动

《笔记》的绝大部分内容引自屈氏《新语》，《笔记》序文中提及的"为之弃取"且"为之上下草木鸟兽各纵其类"的"昔人著述"主要指的就是《新语》。《笔记》的条目总数约为《新语》的一半，总字数约为《新语》的四分之一，因此将其视作《新语》的缩略本或删节本是有一定道理的。至于孙震在《李调元著述系年题要考略》一文中将《笔记》称为"李氏得之亲闻亲见之第一手资料"②则有失妥当，因为李氏的主要工作是对屈书加以删减和改动，并重新进行编排。

通过对比二书可发现，李氏在引用《新语》时主要做了以下几种情况的改动。

（1）将《新语》的单个条目拆分为多个条目。例如，《新语》卷九有"广州时序"条，其中按照时间顺序介绍了广州地区一年中较重要的民俗活动，起于立春，终于冬至，是一个内容丰富的有机整体。李氏则将其拆分为立春、元日元夕、夏至、七娘会、剥芋、九日广州琼州风俗、迎降、下元会、挂冬、团年送年共十个条目，编入《笔记》卷一。③

（2）将《新语》的多个条目合并为单个条目。例如，《新语》卷六中有"祭厉"与"二司"两个条目，李氏将二者合并为"南越人好巫"条，

---

① （明）史可法：《史中正公集》，《丛书集成初编》第2171册，商务印书馆，1936。
② 孙震：《李调元著述系年题要考略》，《四川图书馆学报》1985年第1期，第69页。
③ 同时，李氏也对原文进行了有选择性的增删：增入了灯公、打仔采青、放鸽会、吹田了四个条目，并同样依据时间顺序加以编排整合；删除了"广州时序"中与"二月始东作，社日祈年"、犁耙会、清明、三月二十三日天妃会、四月八日浴佛有关的内容。另外，李氏还对原文部分内容作了调整：在介绍五月端阳的民俗时，并未引用《新语》相关记载，而是亲自撰写了"粤中五月采莲竞渡""大洲龙船高大如海舶"等内容；在《新语》广州重阳登高放风鸢的介绍后，增加了关于琼州五月放风鸢的描述，合并为"九日广州琼州风俗"条。

编入《笔记》卷四。①

（3）删除、隐去或替换屈大均在《新语》中所引用的自己创作的诗歌。

①删除。例如，《笔记》卷十五"素馨"条引自《新语》卷二十七"素馨"条，但在其中"怀之辟暑，吸之清肺气"一句后删去了"予诗：'盛开宜酷暑，半吐在斜阳。绕鬘人人艳，穿灯处处光'"一句。

②隐去。例如，《笔记》卷十一"白蚬"条有："粤人谣云：'南风起，落蚬子。生于雾，成于水。北风瘦，南风肥。厚至丈，取不稀。殷勤祭沙潭，莫使蚬子飞。'"此条引自《新语》卷二十三"白蚬"条，而"粤人谣云"四字原作"予有谣云"。

③替换。例如，《笔记》卷十六"糖梅"条有："苏诗：'罗浮山下梅花村，玉雪为骨冰为魂。'"此条引自《新语》卷十四"糖梅"条，而此句原为："予诗：'罗浮山下梅花村，花开大者如玉盘。'"

（4）删除屈大均在《新语》中的感慨或议论之辞。例如，《笔记》卷六"佛山真武庙会"条引自《新语》卷十六"佛山大爆"，但删去了末尾屈大均对于此习俗的批判以及希望相关官吏对百姓善加引导的议论之辞；卷七"黎人"条引自《新语》卷七"黎人"条，但在介绍完黎人、岐人依仗险峻山势"得以负固为患"后，删去了屈大均对相关民族政策提出的建议。

另外，李氏有时也会在引用《新语》后附上自己的经历和评价。如卷六"龙须席"条末句："余视学肇庆，以此出题使诸生作赋，并使作凤尾蕉诗，皆端州产也。"言其视学肇庆时的经历。卷十四"蔗"条末句："余尝舟至罗定州之界牌塘，见岸上灶烟冲突，停舟上岸访之，始见作糖之法，一一不爽如此。"言其曾在罗定州界牌塘亲见作糖之法。

除引用《新语》之外，李氏也自己撰写了一些条目，如卷八"孔雀"

---

① 但此合并显得过于勉强，不仅因为他删除了"祭厉"条中的大半部分内容，致使文意产生了断裂，更由于他在处理两个条目的衔接时采取了不合理的断句方式。"祭厉"条有"至始死，则招师巫开路安魂灵，投金钱于江，买水以浴……"，"二司"条首句为"崖有二司神者"。《笔记》则直接将二者合并为"至始死，则招师巫开路安崖有二司神者"，使读者不知所云。

至"潮鸡"条，卷十一"银鱼"至"瓦屋子"条，卷十二"五色蝶"至"十二时辰虫"条，卷十四"冬笋"至"山波罗"条，等等。这一部分内容也多征引自他书材料，包括地方志、笔记、政书、医术等，如南宋郑樵的《通志》、唐刘恂的《岭表录异》、明李时珍的《本草纲目》、清吴震方的《岭南杂记》。又卷三"琼州潮"条，不仅内容与《新语》不同，且另附流水指掌图说，后有李氏按语。

3. 关于李调元编纂《南越笔记》的评价

后人往往因为将《笔记》视作《新语》的缩略本或删节本而对其不太重视，甚至对李氏的做法颇有微词，认为其试图将《新语》揽为己作。虽然李氏对《新语》的改动存在不合理之处，但此类责备之词可谓不公。乾隆时期，屈氏著作已遭禁毁，李氏应当是在阅读到《新语》一书后意识到其重要的文献价值，因此将其改头换面，重新编排，删去屈氏诗文作品以及触及时事政治的敏感性言论，使之得以继续流传。尽管屈氏著作最终得以流传至今，但李氏的做法在当时对《新语》应当具有保存之功。

李氏曾于嘉庆六年（1801）手订《函海》，这是李氏生前对《函海》的最后一次修订。[①] 在嘉庆六年《〈函海〉总序》中，李氏写道："书成，分为四十函。自第一至十皆刻自晋而下，以至唐宋元明诸人未见书；自十一至十六皆专刻明升庵未见书；自十七至廿四则兼刻各家未见书，参以考证；自廿五至四十则附以拙纂。名曰《函海》。"《笔记》一书被收入嘉庆六年李氏手订本《函海》第二十二函，则可知李氏将其视为"各家未见书"，不属于"拙纂"之列，因此也就不存在欲将《新语》揽为己作的可能性。

在《函海》收录的各书中，卷首有李调元署名的著作可分为撰、辑、校三类，而李氏的落款是相当谨慎的。"撰"即李氏本人的著述；"辑"指从原书或各书中钩稽出来，经考辨、订正成书者；"校"则意为原书基本成型，李氏仅做了校阅的功夫。[②] 在《南越笔记》的各早期版本中，卷首署名均为"绵州李调元雨村辑"（卷首的自序则署作"绵州李调元雨村

---

① 嘉庆六年李调元手订本《函海》今藏于四川大学图书馆，其版本情况参见赖安海《试述〈函海〉的版本及其编者李调元的著作总数》（《蜀学》第九辑）。

② 邓长风：《〈函海〉的版本及其编者李调元——美国国会图书馆读书札记之五》，《明清戏曲家考略全编》，上海古籍出版社，2009，第403页。

撰"），可见在严格意义上李氏并未将《笔记》视作自己的著述，而认为自己只是在原书基础上进行了二次加工。后人一般将撰、辑、校三类均看作李氏著作，对"辑"与"撰（著）"未作如此严格的区分，因此往往有所混淆，如清王锡祺《小方壶斋舆地丛钞》收录《南越笔记》，署名为"绵州李调元著"，《中国丛书综录》中《南越笔记》也署作"（清）李调元撰"。一字之差，已偏离了李氏本意。

（三）版本情况

《南越笔记》被李调元收入丛书《函海》中，而《函海》经过多次修订增补，总计有七个版本。① 除《函海》外，《南越笔记》也被收入后世多种丛书中，其主要版本情况如下：

1. 清王锡祺（1855～1913）《小方壶斋舆地丛钞》第九帙。此版本不分卷，无序文，无目录，无标目。

2. 民国吴曾祺（1852～1929）《旧小说》己集。此版本只选取了放鸽会、粤俗好歌、雷神、伏波神、南越人好巫、疯人、蛊共七个条目。

3.《丛书集成初编·史地类》第 3125～3127 册（商务印书馆 1936；中华书局，1985）。此版本据《函海》本排印。

4.《笔记小说大观》二十编第十册（台北：新兴书局有限公司，1977）。

5.《中国风土志丛刊》第 57 册（广陵书社，2003）。以上两个版本均据清光绪七年广汉锺登甲乐道斋重刻本影印。

---

① 七个版本分别为：1. 乾隆壬寅（四十七年，1782）初刻本。共二十集，《南越笔记》被收入第十八集。2. 乾隆甲辰（四十九年，1784）本。共二十四集，《南越笔记》被收入第二十二集。3. 乾隆末万卷楼本。共三十函。4. 嘉庆六年（1801）李调元手订本。共四十函，《南越笔记》被收入第二十二函。5. 嘉庆十四年（1809）李鼎元家刻校印本。共四十函（因笔者未能亲见万卷楼本及嘉庆李鼎元校印本《函海》，且无相关研究资料说明其具体收书情况，因此对《南越笔记》被收入其中第几函未作说明。）6. 道光五年（1825）李朝夔家刻补刊本。共四十函，《南越笔记》被收入第二十四函。7. 光绪七年（1881）至八年广汉锺登甲乐道斋重刻本。共四十函，《南越笔记》被收入第二十七函。《函海》的版本情况可参考邓长风《〈函海〉的版本及其编者李调元——美国国会图书馆读书札记之五》（《明清戏曲家考略全编》，上海古籍出版社，2009）和赖安海《试述〈函海〉的版本及其编者李调元的著作总数》（四川省人民政府文史研究馆、西华大学蜀学研究中心主编《蜀学》第九辑巴蜀书社，2015）。

6.《清代广东笔记五种》（广东人民出版社，2006）。此为林子雄点校本。

《南越笔记》又被后人更名为《粤东笔记》刊刻印行，[①] 其主要版本有：

1. 清广州文畬堂刻本。一函六册，半页十行，行二十字。
2. 民国4年（1915）上海会文堂石印本，一函四册。
3. 民国6年（1917）上海广益书局重刊本。卷首有民国6年重刊序。
4.《零玉碎金集刊》第46册（台北：新文丰出版公司，1979）。
5.《中国风土志丛刊》第56册（广陵书社，2003）。此版本据上海广益书局重刊本影印。

关于《南越笔记》、《粤东笔记》与《广东新语》的关系，此前存在一定的误解。[②] 关于三者关系的正确理解应当是：李调元在《广东新语》一书的基础上进行删减、改动、增补，并重新编排而成《南越笔记》一书，后人又将《南越笔记》更名为《粤东笔记》，并附上羊城八景全图刊刻印行。

二 《南越笔记》民俗学研究

《南越笔记》中包含丰富的民俗资料，下文将选取其中有关岁时节令、民间饮食、民间谚语及民间歌谣四个方面具有代表性的特色条目加以具体说明。

---

① 《粤东笔记》卷首有羊城八景全图（羊城八景：海珠/珠江夜月、大通烟雨、白云晚望、蒲涧濂泉、景泰僧归、石门返照、金山古寺、波罗沐日），每图后附一段文字介绍。另外，《粤东笔记》卷一条目不全，共缺打仔采青、剥芋、迎降、挂冬、吹角、赌蔗斗柑之戏、妇女足不袜、坐藩、珠娘珠儿、中秋女始笄十个条目。

② 如寒冬江《屈大均与〈广东新语〉》一文中有："绵州李调元于1777年（清乾隆四十二年）据清康熙本（《广东新语》）略加删并，更名《南越笔记》，刻入《函海》，1915，上海会文堂将《广东新语》易名《粤东笔记》，出石印本。"此处误认为《粤东笔记》即《广东新语》。又如叶春生《广州岁时节令通考》一文中有："下文'元日拜年'起至'灯师又为谜语，悬赏中衢，曰灯信'一段，为《粤东笔记》全文引录，文字未改，可见其'权威'。《粤东笔记》作者李调元……对广东风土民情有一定的了解，但他毕竟是四川人，把这段文字引入《粤东笔记》，书名与所纪内容有所不符……故此在三十年代商务印书馆标点排印《粤东笔记》时，改书名为《南越笔记》，这是比较切题的。"此处误认为《粤东笔记》为原书名。

（一）岁时节令

《笔记》中有关岁时节令的记载主要集中在卷一，内容基本上引自《新语》卷九事语，包括元日元夕、立春、灯公、打仔采青、五月五日、夏至、七娘会、放鸽会、剥芋、九日广州琼州风俗、迎降、下元会、挂冬、团年送年 14 个与岁时节令相关的条目，大体上涵盖了粤地一年中较重要的岁时民俗活动。其中"团年送年"条：

> 小除祀灶，以花豆洒屋。次日为酒以分岁，曰团年。岁除祭，曰送年。

腊月二十三日祀灶，送灶王爷上天，自此便进入年关。二十四开油镬，二十五蒸糕，二十六洗被服，二十七扫屋，二十八焗猪，二十九（或三十）团年。① 广东地方称除夕夜家人团聚欢宴为团年，而分岁则指除夕夜守岁至半夜，谓新旧岁自此分。清光绪《花县志》有："腊月念日小除，谓之小年。夜祀灶，云送神朝天白人家善恶。祀用果酒、草豆，祀毕撒豆于四壁以辟蝇。次日，谓玉皇下降鉴察人间，多焚香持斋者。除日，扫舍宇，易桃符、门神，悬红桔于门以取吉兆。祀祖家宴，设馔如冬至，谓之团年。是夕烧爆竹，家人阖饮团圞酒，通夜不寐，谓之守岁。"②

> 以灰画弓矢于道射祟，以苏木染鸡子食之，以火照路，又曰卖冷。

有学者认为"卖冷"是口音之误，实为"卖懒"，即江浙所谓"卖痴呆"。③ 蒋明智在《除夕"卖冷"习俗源流新探》一文中指出二者实则并

---

① 叶春生：《广州岁时节令通考》，《岭南文史》1984 年第 2 期，第 81 页。
② 丁世良、赵放主编《中国地方志民俗资料汇编：中南卷》，书目文献出版社，1991，第 686 页。
③ 陈伯陶《东莞县志》卷九（台北：成文出版社，1967，第 272 页）："除夕祀先祠，食蚬，小儿持熟鸭卵，行且呼曰：'卖冷'。烧爆竹，换桃符，至夜，长幼围炉守岁，房室多燃灯。按：卖冷，彭《志》作卖懒，冷、懒同音，通借字。《广东新语》作冷，然阮《通志》云：'小儿卖痴呆。'今莞亦取卖去懒惰之意。"后叶春生《岭南风俗录》（广东旅游出版社，1988，第 26 页）、刘志文《广东民俗大观》（上卷）（广东旅游出版社，1993，第 535 页）等均延续此说。

不等同：卖冷习俗属于腊祭范畴（即在腊月期间，人们进行的大规模的逐除活动），其三大元素"灰弓"、"鸡子"和"火"都与驱寒逐疫有关，是"在辞旧迎新之际，人们借助灰弓、红鸡蛋和火等神圣事物，用来祓除寒气，祈求新春回暖、健康吉祥的一种巫术仪式"；而岭南的卖懒习俗则源于苏杭地区卖痴呆的祈年仪式，"都是儿童在新旧交替之际期望卖掉呆懒的过去，迎来勤劳和智慧的未来，既是季节转换的一种预告，也是传统农业伦理精神在儿童精神世界中的一次洗礼"①。蒋文论证合理，论据充分，当为可信。

（二）民间饮食

《笔记》中有关民间饮食的记载主要集中在卷十六，内容基本上引自《新语》卷十四食语，包括东粤稻种不一、两广盐、异饭、粤中诸茶、岭南诸酒、油、糖、糖梅、茶素、茶蘼露、燕窝、乳源石钟乳、云母、石耳、广为水国、粤西鲊粤东脍、御米17个与民间饮食相关的条目。其中"粤西鲊粤东脍"条：

> 粤西善为鱼鲊，粤东善为鱼脍。有宴会，必以切鱼生为敬。食必以天晓时空心为度，每飞霜锷，泡蜜醪，下姜蒌，无不人人色喜，且餐且笑。其脍也皆以男子，鲊则以妇人。凡女始嫁，其家必以数十黄罂与之。能善为鲊，使甘酸而香可饫口，是为好妇。粤东罗定，所居在山谷中，少鱼，俗亦尚鲊。廉州则以珠桂肉为鲊。连州以笋虫脍之，色白如雪，味甚甘。

"鲊"同"鲝"，意为用盐、米粉腌制的鱼。据《笔记》描述，好的鱼鲊味甘酸而香可饫口，而是否善做鱼鲊则成了评判粤地妇女的一项重要标准。鱼脍即鱼生。广东地处沿海，境内水系纵横，渔业资源丰富，因此粤人自古便有食用鱼生的习俗，有南海竹枝词云："樱桃黄颊鲥尤美，刮镬鸣时雪片轻。每到九江渐落后，南人顿顿食鱼生。"② 《笔记》卷十有

---

① 蒋明智：《除夕"卖冷"习俗源流新探》，《世界宗教研究》2012年第2期，第167~173页。
② 雷梦水等编《中华竹枝词》，北京古籍出版社，1997，第4册，第2744页。

"鱼生"条，其中描述了制作和享用鱼生的过程："粤俗嗜鱼生，以鲈、以鳟、以鳟白、以黄鱼、以青鲚、以雪鲚、以鲩为上。鲩又以白鲩为上。以初出水泼剌者，去其皮剑，洗其血鲊，细剑之为片。红肌白理，轻可吹起，薄如蝉翼，两两相比。沃以老醪，和以椒芷，入口冰融，至甘旨矣，而鲫与嘉鱼尤美。"此条节选自《新语》卷二十二"鱼生"条，屈大均在下文中不仅饶有兴致地介绍了鲫鱼、嘉鱼、雪鲚等的生食滋味，还记载了食用鱼生的一些注意事项：

> 然食鱼生后，须食鱼熟以适其和，身壮者宜食。谚曰："鱼生犬肉糜，扶旺不扶衰。"又冬至日宜食，谚曰："冬至鱼生，夏至犬肉。"予诗："鱼脍宜生酒，餐来最益人。临溪亲举网，及此一阳春。"所以者，凡有鳞之鱼，喜游水上，阳类也。冬至一阳生，生食之所以助阳也。无鳞之鱼，喜伏泥中，阴类也，不可以为脍，必熟食之，所以滋阴也。或云：凡鱼行随阳，春夏浮而溯流，秋冬没而顺流。其浮时可脍，其没时必须烹食，乃不损人云。

屈大均此处对于食用鱼生的论述明显渗透着中国传统的阴阳思想。有鳞之鱼为阳类，生食可以助阳；无鳞之鱼为阴类，熟食可以滋阴。又冬至一阳生，阴极之至，阳气始生，因此中国人强调冬至进补，冬至日食用代表阳性的鱼生也正符合阴阳调和的思想。

除卷十六之外，其他卷次中也散杂着不少记载粤地饮食文化的内容，如卷十一"虾"条："其虾酱则以香山所造者为美，曰香山虾，其出新宁大襟海上下二川者，亦香而细，头尾与须皆红，白身黑眼。初腌时，每百斤用盐三斤，封定缸口，俟虾身溃烂，乃加盐至四十斤，于是味大佳，可以久食。"言香山虾酱之美。又如卷十五"藤菜"条："藤菜，一名落葵。蔓叶柔滑可食，味微酸，宜以羹鱼。其子有液紫红，可作口脂。出惠州丰湖者尤美，子瞻诗：'丰湖有藤菜，似可敌莼羹。'"言藤菜可食。

（三）民间谚语

《笔记》中收录了许多粤地民间谚语，包括农业谚语、饮食谚语及其他类型谚语。农业谚语即有关农业生产的谚语，通常是由农民长期经验积累所得，对农业生产有一定的指导作用。① 例如："《志》称谚云：'干冬湿年，禾黍满田。'各郡皆然，惟琼州独异。曰：'冬湿年干，禾黍满田。冬干年湿，禾黍少粒。'"（卷一·小熟大熟）此言粤中田禾一年两熟，以五月为小熟，九月为大熟。广东绝大部分地区冬季不宜雨，而琼州（明清时属广东省琼州府，今属海南省）由于其特殊的地理环境，冬季宜雨。又如："语曰：'鱼咸产者不入江，淡产者不入海。'未尽然也。"（卷十·鱼）《笔记》对此有例证解释："凡鲈鱼以冬初从江入海，趋咸水以就暖；以夏初从海入江，趋淡水以就凉。渔者必惟其时取之。"这是在指导渔业生产者应掌握并顺应自然规律。

饮食谚语是老百姓在长期日常生活中总结出的有关食物特性、食用方法以及卫生保健等方面的谚语。饮食谚语能够生动形象地反映人们的饮食习惯与当地的饮食架构，既体现人类文化普遍的共性，又具有鲜明的地域特色，是民间饮食文化的重要载体之一。《笔记》中的饮食谚语如："婴儿瘦，探石㲉。"（卷八·石燕）"石㲉"指石燕的雏鸟。《笔记》有："石燕出西樵岩穴中，大如乳燕，足生翼末。山人小儿羸瘦，取食之。"又如："湖上渔家，白饭丹虾。"（卷十一·虾）此言惠州西湖渔民饮食习惯。《笔记》："又丹虾产惠州西湖，其色青，煮熟丹红，绝鲜美……白饭者，水晶鱼也。长不盈寸，大不过分，其色瑳洁，无乙有丙，八九月有之。"

其他类型的谚语如："宁为番狗，莫作鬼奴。"（卷九·番狗）此言番人对番狗的重视与喜爱，语含"人不如狗"的无奈之情。《笔记》："蚝镜澳多产番狗，矮而小，尾②若狮子，可值十余金，然无他技能。番人顾贵之，其视诸奴固也反③不如狗。寝食与俱，甘肥④必先饲之。坐与立，番狗惟其所命。"又如："食米得薏，薏一米二。纵郎二米，侬只一薏。"（卷十五·薏苡）《笔记》有："薏苡……食以代米，或杂米中熟之。"此处借薏

---

① 农业有狭义和广义之分，狭义的农业特指种植业，广义的农业除种植业外还包括林业、畜牧业、渔业、副业。本文农业谚语中的"农业"指的是广义的农业。
② "尾"，《广东新语》作"毛"。
③ "反"，《广东新语》作"万"。
④ "肥"，《广东新语》作"脆"。

米相杂的饮食方式，代指女子对情郎的一心一意，颇为巧妙。又如："无云而雨，有日而雪。"（卷十六·两广盐）此言制盐时的场景。制盐时戽水淋沙，如无云之雨也。生盐浮游于面，不杂泥沙，其白如雪，则为盐花也，日色烈而盐花始白也，故曰"有日而雪"。

（四）民间歌谣

《笔记》卷一"粤俗好歌"条为一篇专门论述及记录粤地民间歌谣的文字，此条完整引自《新语》卷十二"粤歌"条，篇幅较长，内容丰富，既保存了屈氏对于粤歌的研究成果，同时也体现了李氏对于民间歌谣的重视。①

"粤俗好歌"条起首总论曰："粤俗好歌，凡有吉庆，必唱歌以为欢乐"，进而概括了粤歌的基本特点："其歌也，辞不必全雅，平仄不必全叶，以俚言土音衬贴之。唱一句或延半刻，曼节长声，自回自复，不肯一往而尽。辞必极其艳，情必极其至，使人喜悦悲酸而不能已已。此其为善之大端也。"此后介绍了粤人"有歌试以第高下"的传统，以及婚庆礼仪中的拦门诗歌、坐歌堂、送花、打糖梅等与歌唱相关的习俗。

关于粤歌的分类，有长调及短调踏歌。长调"如唐人《连昌宫词》、《琵琶行》等，至数百言千言，以三弦合之……其事或有或无，大抵孝义贞烈之事为多。竟日始毕一记，可劝可戒，令人感泣沾襟"；短调踏歌者则"不用弦索，往往引物连类，委曲譬喻，多如《子夜》、《竹枝》"。后文收集了许多短调踏歌，"皆以比兴为工，辞纤艳而情深，颇有风人之

---

① 除此条之外，《笔记》的其他条目中也散杂着一些民间歌谣。如："八月十五之夕，儿童燃番塔灯，持柚火，踏歌于道曰：'洒乐仔，洒乐儿，无咋糜。'"（卷一·灯公）此为中秋之夜儿童玩乐时所唱的歌谣。"洒乐仔"即"耍乐仔"、"耍辘仔"、"耍碌仔"，均指玩柚子。粤人称柚子为"禾辘"，以其熟于早禾时且圆似轱辘，故名。柚火即柚灯，人们把柚子掏空后，在柚子皮上雕刻花纹，中间点灯，中秋时儿童便成群结队提着柚灯游乐。李调元任广东学政期间，曾广泛收集粤地汉族及其他少数民族的民歌民谣，在清代吴淇《粤风续九》的基础上辑成《粤风》一书。《粤风》共四卷，分别收录粤歌（即汉语歌谣）、瑶歌、侰歌及僮歌，总计111首民间歌谣，并附有相应的题解、注释和意评，对于岭南地区的民俗文化研究具有重要价值。李氏在序文中说道："骚者，楚风之余也。粤近于楚而楚无风，风者可以补三百篇之遗乎？"李氏把此书提高到足以补阙《诗经》的地位，足可见其对民间歌谣的重视。

遗"，如："妹相思，不作风流到几时。只见风吹花落地，那见风吹花上枝。"①

值得注意的是，屈氏对于民间歌谣并不仅停留在收集的层面，且会加入自己的按断，而此类按断往往延续了中国传统经学解《诗经》时所遵循的诗教说、美刺说。试看下例。

（1）《素馨曲》曰："素馨棚下梳横髻，只为贪花不上头。十月大禾未入米，问娘花浪几时收？"注曰："凡村落人奴之女，嫁日不敢乘车，女子率自持一伞以自蔽。既嫁，人率称之为嫂。此言女一嫁不能复为处子，犹士一失身不能复洁白也。梳横髻者，未笄也。宜笄不笄，是犹不肯在花棚上也。十月熟者名大禾，岁晏而米不入。花浪不收，是过时而无实也。此刺淫女，亦以喻士之不及时修德，流荡而至老也。"

（2）"大姐姐，分明大姐大三年。担凳井头共姐坐，分明大姐坐头边。"注曰："言女嫁失时也，妹自愧先其姊也。"

（3）"官人骑马到林池，斩竿筋竹织箔箕。箔箕载绿豆，绿豆喂相思。相思有翼飞开去，只剩空笼挂树枝。"注曰："刺负恩也。"

钟敬文先生指出："就上面三条解说看来，可见他还是学着前儒硬派诗经里的诗歌为什么美刺诗的手段来武断歌谣的。这种见解，不消说是十分谬妄，但为了时代关系的缘故，我们只好深深地谅解他了。"②

此后，屈氏分别介绍了广东不同地区的歌谣特点，包括东莞的汤水歌、山歌（歌仔），潮州的潮州戏、秧歌，南雄的踏月姊、踏月歌，长乐的月歌，等等，并对粤地民间歌谣婉转动听、清新自然的特点做出了肯定："大抵粤音柔而直，颇近吴越，出于唇舌间，不清以浊，当为羽音。歌则清婉溜亮，纡徐有情，听者亦多感动。而风俗好歌，儿女子天机所触，虽未尝目接诗书，亦解白口唱和，自然合韵。"在条目的最后部分，

---

① 在众多短调踢歌中，屈氏特别指出"采茶歌尤善"。粤地采茶歌有特定的表演时间、场合及形式，具备一定的仪式性："粤俗，岁之正月，饰儿童为彩女，每队十二人，人持花篮，篮中燃一宝灯，罩以绛纱，以缏为大圈，缘之踏歌，歌十二月采茶。"试举三章几于雅者为例："二月采茶茶发芽，姐妹双双去采茶。大姐采多妹采少，不论多少早还家。""三月采茶是清明，娘在房中绣手巾。两头绣出茶花朵，中央绣出采茶人。""四月采茶茶叶黄，三角田中使牛忙。使得牛来茶已老，采得茶来秧又黄。"

② 钟敬文：《读〈粤东笔记〉》，《歌谣》1925年第67、68期。

屈氏介绍了蛋人、黎人、西粤土司、徭人、狼人、僮人等少数民族富有特色的歌唱习俗及歌谣。

除上述四类之外,《笔记》中另保存有其他许多可供研究的民俗资料,如卷一"广东方言"条介绍了广州及其周边地区的方言情况;卷四记载了雷神、罗浮君、南海神、禾谷夫人、伏波神、飞来神、天妃、龙母、斗姥、花王夫人、金华夫人、东莞城隍等民间神祇信仰;卷五介绍了茧、布、纱、纸等岭南地区特色物产;卷六涉及番刀、西洋铜铳、自鸣钟等外来器物;卷七介绍了黑人、徭人、黎人、畲人等少数民族情况;卷十涉及龙、海鳅、人鱼、黄雀鱼等异闻传说;等等。

三 结语

《笔记》一书内容丰富,是中国民俗学发展史上的一部重要民俗志著作,既具有重要的文献学研究价值,也对研究清代广东以及岭南地区的自然及人文状况起到了重要参考作用,其民俗学价值亦不容忽视。遗憾的是,学界对于《笔记》在本土民俗学研究方面的地位和价值关注不够,对于《笔记》中丰富的民俗史料缺乏深入系统的研究。关于《笔记》作为重要民俗学文献的研究专文,至今只有钟敬文的《读〈粤东笔记〉》与刘时和的《管窥〈南越笔记〉,趣谈川粤岁时民俗之异同》两篇。前者侧重于《笔记》中民间歌谣的整理和分析,后者则主要将《笔记》卷一的广东岁时民俗与成都(含原成都、华阳二县)地方志记载的四川民俗进行对比,以突出民俗志文献的地方性。① 本文梳理了《笔记》的编撰情况、主要内容及现存版本,并探讨了《笔记》与《新语》二书之间的关系,指出在屈氏著作遭禁毁的乾隆时期,李氏对《新语》的删改应当具有保存之功。

孙文刚在《〈南越笔记〉研究述论》一文中指出,《笔记》对于本土民俗学研究具有三方面重要意义:第一,《笔记》记述的内容具有珍贵的史料价值,不仅能够帮助我们了解清代粤地民俗,同时也为我们研究岭南

---

① 刘时和:《管窥〈南越笔记〉,趣谈川粤岁时民俗之异同》,四川省民俗学会、罗江县人民政府编《李调元研究》,巴蜀书社,2007,第226~237页。

民俗的发展演变提供了重要线索；第二，《笔记》以笔记体的形式记述民俗，延续了我国民俗志记载的悠久传统，研究《笔记》能够为研究民俗志提供一种重要视角，这对于我们夯实民俗研究基础、传承中国民俗学研究传统以及匡正民俗学危机均有一定意义；第三，通过对《笔记》的研究，旁及李氏其他民俗学著作（如《粤风》《弄谱百咏》《新搜神记》《尾蔗丛谈》等），有助于我们客观评价李氏在民俗学史中的地位和贡献。[①] 每一部地方民俗志既是独特的个体，对于反映当时当地的民俗现象具有重要参考意义，更是中国地方民俗志编撰传统的组成成分，均在不同程度上起到承上启下的作用，对于此前同类文献有所继承，并对后世同类文献产生影响。本文对于《笔记》的民俗学研究远未达到系统和全面的程度，仅做抛砖引玉之用，以期未来学界能对《笔记》的民俗学价值有更深入的探讨，并将《笔记》放置于中国地方民俗志这一大的文献传统中进行研究。

---

① 孙文刚：《〈南越笔记〉研究述论》，《中华文化论坛》2014 年第 12 期，第 33～37 页。

海外视域

如何确定文学人类学的学科地位

——"第十一届人类学与民族学国际会议"专题研讨会总结谈

〔加拿大〕费尔南多·波亚托斯等

张波（译），刘芷言（校）*

摘要：1983 年 8 月，"第十一届人类学与民族学国际会议"在加拿大魁北克市召开，本次研讨针对如何界定"文学人类学"是一门新学科或新领域及其研究方法问题，指出了文学人类学的跨学科特点，并提出树立"文学人类学"概念的可行性，以及对"文学"概念的扩展可将文学看作一项社会行为进行有语境的研究等问题，与会学者主要发出了两种声音，一是从实证主义的角度，认为把文学作品当作人类学研究调查对象的局限性；二是立足文化现实，认为文学可以被当作人类学研究的信息来源。费尔南多·波亚托斯作研讨会闭幕总结，他认为将文学当作人类学研究的资料来源，正是文学人类学理论方法可进行改良和提炼的地方。

关键词：文学人类学　跨学科　文化文本

费尔南多·波亚托斯（Fernando Poyatos）①：大家好！在过去两天的报

---

* 本文原载《文学人类学：人、符号和文学的跨学科新方法》，系 1983 年 8 月在加拿大魁北克市召开的"第十一届人类学与民族学国际会议"闭幕发言稿，原题为"Symposium on Literary Anthropology transcript of the closing discussion"，收录于 *Literary anthropology：a new interdisciplinary approach to people，signs，and literature*，该书于 1988 年在美国约翰·本杰明出版公司出版，被誉为 20 世纪英语世界"文学人类学"的开拓性经典之一。译者：张波，贵州师范大学文学院讲师，文学博士，研究方向为文学人类学；校对者：刘芷言，四川大学文学与新闻学院 2018 级文学人类学专业博士生，研究方向为文学人类学。本文系教育部人文社科重点研究基地四川大学俗文化研究所重大项目"西南多民族生死观与民俗考察"阶段性成果。

① 费尔南多·波亚托斯，非语言交流及相关跨学科领域内国际知名学者，主要从事文学、符号学与文学人类学研究。1992 年起担任西班牙和拉丁美洲文化系主任，1998 年 6 月退休。

告里，我们并没有看到文学人类学的影子，可就在闭幕座谈会上，出现了我们真正想要研究的文学人类学，我觉得这一点颇为有趣。我在想，该如何确定它就是一门新学科或一项新领域呢？为了解决这个问题，我们讨论了作为个体存在的作家，特定的写作类型，甚至具体到了某部作品，当然还包括我们对"文学人类学"或含蓄或明确的观点。我们所讨论的问题里，有的已经清晰明了，有的却还模棱两可。由于我先前就已经在我的论文中表达了将本学科称为"文学人类学"的原创见解和倡议（很显然，它的发展也和我们本次讨论走得一样远），所以，在这次的研讨会上，我应该把更多的时间留给大家。在座的诸位中有许多杰出之士，完全满足了我在会前做出的期望。你们做到了用老旧的文学素材，站在最广义的角度上看待文化。其实，你们进行研究的过程，也是一个发展自己想法的阶段。并且，大家还意识到了本领域工作中的可行性与局限性。正是这样的默契，才让我们相聚在这里，为我们共同热爱的学术研究建言献策。就冲着这一点，我都会敞开心扉，和大家畅所欲言。

艾琳·波蒂斯 – 温勒（Portis Winner）：从人类学家的角度来看，我想给一点比较普遍的评论。对于在座各位都出身于哪些学科，我并不确定。不过，从本质上讲，人类学绝对是跨学科的。另外，我们对文化的整体理解本身也是一种跨文化阐释。因此，我觉得我们当下谈论的就是跨学科的问题。而跨学科工作的难点在于：各学科如何才能在不削弱彼此的情况下相互关联。其实，学科间没有固定的界限，就算有，那也是随意而为之。所以，当我们在进行比较时，就拿文学和它与文化相关的研究点来说吧……例如，我们选取了一组文学作品，想找到其中人物的世界观。然后，我们依次采用社会学、历史学等文献为依据，去寻找我们想要的东西。在我看来，这其中的异与同一样重要。我们关心的，不是采用历史或社会学的研究范式去检验文本中的世界观正确与否，而是在求同存异的过程中产生更为广泛的，如马赛克艺术般多姿多彩的，被我们称为"文化"的东西。换言之，学术研究本身就具备各式各样的标尺，由于不尽相同的研究目的，它们在研究模式、符号解码、观念陈述上发挥着各自的作用，为我们呈现出不同的效果。正如美国人类学家克劳德·克鲁克霍恩（Clyde Kluckhohn）所说，没有什么比处于相似性的语境中的差异更重要，更值得研究。我猜测克鲁克霍恩教授是受了结构主义代表人物雅各布森（Roman Jakobson）和索绪尔（Ferdinand de Saussure）的启发，不过这也正是我想要强调的一点。综上所述，我的总结是，我们无须消除差异，相反应给予它们更多的关注。首先，我们要弄明白，在不同的学科中，是什么原因造成了观念上的差异；其次，不同的人是如何表述不同的学科，又是如何在它们之间进行比较的？进行这些研究，想必既有趣又有益。我想说的就这么多，谢谢大家！

露西·简·波施夏洛（Lucy Jayne Botscharow）[1]：我完全同意您的见解，请允许我稍作补充。我觉得我们务必要注意的，就是得避免将一切学科都缩小到文学的层面来研究。据我所知，文学只是众多文化体系中的一支，不应孤立地被使用。既然它是众多文化体系中的一支，那么我们就应该以对待政治等其他文化系统同样的眼光去看待，做到一视同仁。正如您所言，当我们把所有的东西都放在一起，观察眼前的异与同时，便能着手构造一个新的整体，我认为这也恰好是文学人类学的吸引人之处。我说的这些，不就是人类学家本应注意却疏于注意的方面吗？

托马斯·古斯塔沃·温勒（Thomas Gustav Winner）[2]：费尔南多，我对于您所说的文学人类学，已经有了一个比到达魁北克之前更加坚定的理解。在我看来，树立"文学人类学"的概念是完全可行的，因为文学是文化的一部分，且是重要的一部分。单凭这一点，文学作品也就和其他元素一样，理应被平等地当成文化文本对待。因此，正如您所言，我们怎么研究亲属制度、饮食习惯、丧葬仪式等话题，我们就怎么研究文学。可能我这么说有点武断，不过从表面上看确实如此——迄今为止，在人类学的研究领域中，文学就像个没爹没妈的孤儿颠沛流离，这种态度亟待纠正。不过，文学本来也存在着许多问题，有些问题鲍豪尔（William Boelhower）教授在昨天的发言中也已经提到了。归根结底，作家既是自己所属文化的产物，也是该文化的代表。那么，作家又在写什么呢？简单扼要地说，作家在某些方面会进行集中生产，比如语言和世界观，在某些方面，他们又

---

[1] 露西·简·波施夏洛，美国东北伊利诺州大学教授。
[2] 托马斯·古斯塔沃·温勒（1917~2004），美国马萨诸塞州人，著名斯拉夫文化研究专家、符号学家，曾在美国布朗大学创立美国第一个符号学研究中心。

会打破文化规范。毕竟，从美学的角度来看，艺术生产就是这样。在我看来，鲍豪尔教授昨天提出的问题是关于文学如何成为文化的一部分。眼下，我们工作的重中之重是要明白文学没有孤立于其他文化系统而存在。文学与文化之间该如何转换？怎样从文学转向文化，又如何从文化转向文学呢？恕我直言，我毫无头绪。我感觉可能我们根本就没法建立一套研究规范，不过这并不代表我们就不用为文学人类学花费精力了。如何从非书写文化和除艺术（非语言艺术，包括视觉、音乐和各项融合艺术）以外的其他事物走向艺术？也许，在我们研究的过程中的某一点，可以考虑将研究对象跟其他艺术结合在一起，拓宽思路。依我之见，在整个文化语境中，不论是视觉艺术还是音乐艺术，都有各自的特质与差异，扮演着和文学一样重要的角色。不过，也正是因为文学有着有别于其他领域的差异，才使它成了一块难啃的骨头。也就是说，和我们天生习得的语言，乃至其他文化交际符号一样，文学使用着同样的交流手段，至少交流素材是同样的。由于文学家使用的语言，物理学家在用，萨满也在用。因此，我们的文学人类学工作的开展会更加困难。不过，也正因如此，文学才会给我们传递更多的信息，展现更大的世界。

威廉姆·鲍豪尔：波亚托斯教授，我觉得，从您最初的方案来看，还有很多系统的工作需要我们去完善。若站在您的角度上思考的话，一方面，为了把文学研究得人类学化，我们需牢记在与其他艺术形式相关联时文学所处的位置。例如，20世纪初，电影就曾作为一种新生代艺术形式，与文学珠联璧合，生产出了大量的作品。到现在，我们可以明显地看到，电影反映了一种焕然一新的生活节奏，提供了一套令人耳目一新的文化解读方式。另外，还有一点值得我们注意，那就是单个文学流派在整个文学领域中状态已发生了变化。比方说，小说自觉地脱离了史诗。换言之，出现流派的不断变动和跨流派写作的现象是必然的。此类问题，需要我们时刻保持警惕。另一方面，为了启发更深层次的思考，我们还需考虑以下内因：小说等单一流派在进行各种转换时会带来一系列的问题，比如，叙述和描述之间的关系。因为，在某一段时间内，叙述和描述之间的转换游戏会发生根本性的变化，我们不得不想办法予以应对。倘若我们从象征主义小说出发，跳到自然主义小说，再到非小说、反小说等，就会发现这其中的变异是非常重要的。再者，还有一个反复出现的观点也值得我们聚焦，即每一个文本中都被嵌入了文学人类学家的见解，他们通常以"潜在读者"（implicit reader）的身份出现，有时还会变身为"理想读者"（ideal reader）。不得不说，波亚托斯教授发起的理论框架极具学理，为我们编纂学科范式贡献了巨大的力量。

史蒂芬·萨肯尼（Stephen Sarkany）[1]：文学通过文学的制度来归类自己。这是一个社会学的过程，就算文学制度不得不经历变革，它也会为文学保存着一套审美规范。不同于其他文化文本，文学有着一个非常特殊的社会学调节功能，必须通过规范的社会学审查才能发挥作用，让人类学直接参与其中是不可行的。恩宁格教授的论文也间接地证实了这一点，在他研究的族群中，并没有发现关乎审美的文学感受，也没有关乎审美的文学资料，更没有关乎审美的文学活动。既然这些都没有，那又有什么呢？有件事我们不会把它当成文学，但会将其称为"练习口语或写文化"（*pratiqueculturelleverbaleouécrite*）。其实，这么说比"文学"二字更为广泛，更为自然，也不受什么制度的羁绊。我觉得，在"练习口语或写文化"这个领域中，所有的关乎语言文化的行为，甚至连洗手间墙壁上的涂鸦都能被收藏家、人类学家或作家翻译成书面形式。无论是有意还是无意，这么做都会对美学产生"冲击"，收获美学上的价值。基于此意，我不认为存在没有"文学"的文化。那么，问题来了，"泛文学"（paraliterature）这种语言文化艺术也包括在文学人类学中吗？我的回答是肯定的，它应该包括在内，因为文学不能仅限于民歌、童谣以及古罗马正典，任何用语言铸就的文化实践都应被囊括其中。从人类学的基本形式（我的意思不是那些比较正式的基本形式，而是引用福尔斯一本有关基本形式的书中的观点）到文学制度，都应被纳入文学人类学的研究范围。并且，每一个点都可以自成一流派，非常值得我们去研究。

最后，我来说说我自己关于诗歌和诗学（包括一切与诗歌相关的，具有诗意的和具有诗歌功能的文本）的观点。我认为，就文学人类学来讲，诗歌完全打破了传统意义上我们对文学的理解。作为书面文本的诗歌，会

---

[1] 史蒂芬·萨肯尼，加拿大渥太华市卡尔顿大学比较文学系教授。

引导我们进入一个比分析更为重要的维度，那就是理解与如何理解。我说的不是解释或者阐释，而是理解。这是一个把读者和诗人都联系起来的动态过程，读者会对诗人的行为做出投影式延续。当然，这是一项无比艰巨的任务，不过也正因为其蕴含了文化的诗学育新功能，它也是至关重要的。综上所述，人类学应该是一种视角，一种洞察力，而不是取代文学理论的卧底学科。

文森特·欧·埃里克森（Vincent O. Erickson）[1]：我觉得，另一个有待考虑的问题是关于语言艺术家在社会中的地位。也就是说，语言艺术家到底承担着什么责任？社会是怎么接受他们的？他们能在多大程度上反映其所处的社会？此外，对语言艺术产品做出反应，给出评价的观众也值得我们注意，他们又会如何评价语言艺术作品呢？不光如此，我们还需思考的是，在一个更大的文化中，艺术家和观众又扮演着什么角色？当然，语言艺术家不能在真空中表演，观众也不会成为真空。若研究此类问题，我们会对谁是艺术家，谁又不是艺术家，以及在其所处的社会环境里，人们希望艺术家做什么等问题有一个较为清晰的认识。我们很有可能会发现，随着时间的流逝，不仅在一种文化里有着极多的变异，在跨文化的层面上亦是如此。

维尔纳·恩宁格（Werner Enninger）：今天早上我做了九条总结，我特意在第九条结尾处停笔，为的就是不把它写成一份"十诫"。这份"非十诫"其实就是一组没有被过分代表的，稍微有点挑战性的假说。若大家了解我的工作背景，就能理解我这九点。我呢，是一名通过专业训练的结构主义语言学家，同时我也是一名改革派社会语言学家，这是第一点。第二，我的经验来自一项非常特殊的背景——阿米什文化，所以我的许多观点可能会和大家的背道而驰。不过我认为，不论是我的假说还是诸位的反驳，都会帮助我们构建起一个新的范式。以下是这九点的内容。

（1）文学人类学是人类学而非文学的分支。

（2）文学人类学通过分析文学寻找人类学资料，世界各族群的信息是其研究目标，文学只是其研究手段。

---

① 文森特·欧·埃里克森，加拿大新哥伦布市瑞克大学人类学教授。

（3）决定文学人类学研究领域的是某一社会单位和某一族群，而不是文学体裁或文学作品。

（4）文学人类学不是将文学看作"自给自足的真空体"开展研究，而是将其看作一项社会行为，进行有语境的研究。

（5）由于从狭义上讲，并非所有书面文化都能进行文学生产，但所有关乎文学的文化都产生于某种书面文本。因此，文学的概念应当得到扩展，比如书写文本，可以考虑将各种表达情感的、描述事件的、传达意愿的、提供美学的文本都纳入其中，并且必须得想办法用它们进行人类学数据分析。我甚至把菜谱都放进去了，因为我觉得菜谱也非常有趣，也需要接受这样的分析。

（6）在文学人类学研究中，对重在构建内在平衡力的文本来讲，其表达性、描述性和意动性高于美学价值；而文本的外部因素，文本的受众与参考的世界是创作中的关键点。毕竟，文学人类学主要是对现实生活中的人给出全方位的描述。

（7）为了使跨文化比较切实可行，一方面，我们必须将世界上那些没有文字的族群纳入考虑范围，因为他们没有书写文本，全靠口传心授。另一方面，书写文化也不会孤立地存在，这其中也保留了大量的口头传统。

（8）作为发掘世界各民族文化知识的人类学家，我们必须明白的是，无论是书写文本还是口传文本，都只是文化这一大文本的一部分。还有许多文化知识储存在如"身体文本"、"对象文本"和"环境文本"等各文本形式中。在符号系统中，它们被客观化；而对于文化知识，它们又能进行主观化的再生产。

（9）正所谓"条条大路通罗马"，文学人类学也将文学看作学习世界各族群文化与知识诸多道路中的一条，再加之文学人类学会通过不同的方法来检验其研究成果。我坚信，这门学科一定会大有发现，硕果累累。

托马斯·古斯塔沃·温勒：恩宁格教授，针对您刚刚讲的第一点，我想给出自己的见解。您刚刚说，文学人类学是人类学而非文学的一部分。作为一个文学背景出身的人，请允许我给一点条件限制，或者也可以说是资格审查。打个比方，如果您是从新批评或者俄国形式主义的角度去研究文学，那么，文学就是一门天然而有之的科学。不过，今天我们不会仅研究文学作品中段落的排列组合，也不会只关心文本如何组织，如何生成。让我们努力坚持寻找的，是作品的意义，也正是您提到的文学该如何与其他文化现象共存。但是，当您开始考虑大家都在考虑的问题的时候，您把目光投向了诗学，说诗学与意义建构、读者等方面息息相关。此时，作为文学专业出身的我们，或者每个人都有自己给自己的身份认定，已开始关注文化、互文性、系统之间等更加广泛的问题了。也就是说，我们已经开始采用人类学作为一种新的视角去开展研究了。一旦开始谈人类学，就会自然而然地回归到文化层面上来。正如您说的那样，我们需要达成共识的，就是绝不能将文学仅仅当作文化来看。

史蒂芬·萨肯尼：温勒教授，您这么说我完全同意。另外，我想做点文学理论方面的补充。其实对许多理论家来讲，我们称之为"文学理论"，跟称之为"文学人类学"并无太大区别。所以，我们正在做的，是跟上面的例子同样的事情。如您所言，唯一的问题在于，还有一部分文学理论家尚未把文学放置在语境和文化中进行研究。对于这种现象，我觉得我们应当予以正面干涉。因此，我们乐意接受来自人类学家和社会学家的指点。如果可以的话，我们需要共同努力，把文学理论也转化为一门社会科学。

弗朗西斯科·罗瑞吉奥（Francesco Loriggio）：从诸位的发言和论文来看，我发现了一个小问题。我所接收到的信息告诉我，我们每个人都在无限发散，似乎都是在聊自己的观点和方法，可以肆意地锦上添花。这当然没有什么不好，不过我觉得，我们也应当大胆地设立限制和边界。现在，随便给研究素材增添点边边角角，便成了我说的人类学写作。在某种程度上，我们可以说："这已超出了文学人类学的范畴，根本就不是人类学该关心的！"然而，进行否定的方法不胜枚举。我们可以参考过去的案例。曾经，文学理论受人类学的影响极大，批评家和文学从业者所做的工作，可能并不是人类学家期望中的文学人类学研究，而只是对文学研究存在的合理性进行了一次排除法式的调查，让我们明白哪些内容不能被纳入研究范围的。

艾琳·波蒂斯 – 温勒：我有一个问题：我们到底该将文学理解为一种艺术形式呢，还是说一切被书写的事物都是文学？我曾经以为我们都把它看作一种艺术形式，不过现在我不确定我们是否还能在此观点上达成共识。的确，这是个大问题。人类学家早就将其他书面文本纳入学术资料库了，但文学作品和美学文本却是比较特殊的问题，以至于人类学家在对待它们时一直都比较小心谨慎。我觉得有必要谈一谈关于审美概念的话题，毕竟，审美是普遍的，写作却不是，并且历史也没那么长，可人类有关语言和非语言的行为却是普遍存在的。如果文学过去在大多数人眼里至少算得上是一项艺术品，那我们也应该把文学放到艺术作品的层面上来看问题。文学作品的美学价值，尽管不占主导地位，但也跟其他文化产品的美学价值一样重要，比如在历史等许多文化文本中，美学价值就是一个重要的组成部分。当我们讨论起文学人类学家不那么感兴趣的问题时，美学思想就能起到穿针引线的作用，因为从本质上讲，美学是隐喻的，可以打破艺术和科学间的学科界限，引领我们进入跨文化领域发挥创造力和想象力。正如列维－斯特劳斯的总结，神话、隐喻和美学都是与科学相互渗透的思维模式。不过，我还想让美学有一个比这更加广泛的概念。因为有的时候，一项占非主导地位的美学元素会广泛地存在于人类的语言和非语言行为，书写和非书写文化中。我们到底是在思考这个问题呢，还是在谈论书写的艺术呢，或是在研究一切被文字记录的事物呢？老实说，我都不太清楚，因为我觉得现在还没有明确的限定条件，根本不好做判断。

露西·简·波施夏洛：如果人类学是一门跨文化的学科，那它到底是怎样跨的？我们在书写文本这一狭义的定义里故步自封，把自己封闭在用一只手就能数清楚的文化里：西方、印度、中国、日本，仅此而已。殊不知，等待我们去探索的，是一个更大的世界。更糟糕的是，我们正不断远离着那些真正受欢迎的，应该被研究的领域。在我看来，如果想研究美学，一种方法是把它的定义拓宽；另一种方法就是先观察话语、文化文本，然后从文学批评的角度出发，用文学批评家分析文学作品的方法进行解读，也许会对我们的研究有所帮助。

弗朗西斯科·罗瑞吉奥：我提一点，文学人类学研究的到底是文学中的人类学，还是人类学在文学里扮演着什么角色？讨论这二者间的差异是很有意义的。我主张将它们分开研究，不过最终要相互关联。因此，在我看来，就算是从严格的文学人类学视野出发去研究广义文本中的人类学，也解决不了什么问题。虽然从形式上看，文本形式难以区分，不过也不是毫无办法。例如，文学作品通常有着制度性的一面，我们需要做的就是思考体裁是如何运转的。只要依照批评理论的认定机制进行简单的思考，我们便可以把文学作品同其他文本区别开。文本的界定靠的是使用它们的人，这些人决定着文本的"身份"；同样，文本又反作用于这些人，影响着他们对文本的使用。在学科运行规律的基础上，会有人强调规则，为学科筑牢根基，当然也会有人驳斥旧论，让学科吐故纳新。因此，如果用一个普遍的、中立的、毫无倾向的态度去看待文本，那就既不能筑牢根基，也不会吐故纳新，人类学家的研究范围也会大幅度缩水。

史蒂芬·萨肯尼：我们谈论的，到底是文学人类学，还是文学的人类学？我想，这不仅仅是术语的问题。如果我们说，"是文学人类学而不是文学的人类学"（"Anthropologie de la littérature et non pas anthropologielit-térature."），那么，这就跟法语里"社会学的文学"（sociologie e la littéra-ture）与"文学社会学"（sociologie littéraire）中的区别一样。无论吸引我们的是文学中的社会还是诸如出版商和读者等"社会事实"（faitssociaux），我们都得考虑术语间同等的差异。总的说来，文学人类学就是从一个更加广泛的文化角度去理解和分析文学作品。

威廉姆·鲍豪尔：我来说说温勒教授在会议一开始曾提出的一个观点吧。我觉得我们……目前已经有了一个比较好的平台，帮助我们将文学人类学的研究做得更好。另外，也可以考虑将当下各种理论的发展成果纳入文学研究中来，比如创立一套有关文学种类的结构图，或者在不打破诗学和非诗学之间、诗学功能与诗学定义之间界限的条件下创造一定规模的连续性互动。在语境化和美学功能转变等问题的研究上，我们已有洛曼（Lotman）和马卡洛夫斯基（Makarovsky，不知道我把他的名字念对了没有）这样优秀的学者在辛勤工作。我们现在真正需要的是更实际的批评，来说明文学和人类学是如何进行互动，又是如何以人类学的方式生成意义的。由于既要保证两门学科都不会被区别对待，又不能刻意维护各自的学科推动力，如此敏感的特质决定了这是项充满挑战的工作，必须非常小心谨慎。费尔南多，对于您的理论，我的整体感受是：如果把文学人类学看作一本知识清单，它已非常完善；不过，如果要往里面添加实物的话，就有点危险了。我的意思就是，在文学中做人类学，是在铤而走险。而我自已做的论文，是找一个方法来将文学作品细分，再像文学人类学家那样进行微观分析。这样一来，既可以保留叙事单位的活力，又能在理论框架里加入实物元素。但是，坦白说，我在拜读了您的人类学框架后，才真正重新读懂了我正在研究的先锋派自传，并能得出结论。比如，我发现，在先锋派自传中，城市决定了它的叙事模式，并且城市的形态才是书里真正的主角。在我的知识结构还没有人类学的指导时，我是绝对不会给出这样的观点的。一旦我们有机会能阅读和学习彼此的论文，我们定能找到更多的门路让我们能在类似文学和人类学等两两成对的学科里穿梭自如。

另外，罗瑞吉奥教授，请允许我就您的观点再多说两句。您的观点给我的感觉是，所有的文学都是一段航程，那么人类学也是一段关于航程的话语。我们说航程是关于连续性的问题，其实也可以将它看作一幅包含着作为单项知识的文学和人类学话语参与建构的结构图。比如，航程中出现的某些共享结构，就是一个非常能引发跨学科交流的关键点。

弗朗西斯科·罗瑞吉奥：我是学文学出身的。不过，当今有些理论喜欢想方设法把一切事物都转换成打印文本，好像只有这么做，大家才会放心似的。我以前也这么认为，不过，这都是我之前的观点了，不代表现在。人类学家真正应该关心的，是一个时期内哪些东西被定义为文学。在我看来，我们不该把过多的心思都花在美学上，因为文本还拥有着更多的特质，等待我们发掘。不过，由于文本都是建构出来的，因此，研究美学可以带给我们特定的价值，我只是觉得不宜倾注过多的关注。不妨换位思考，考虑从建构的概念出发，看能不能得出新的结论，而不是只想到把文学和美学放在一起研究。

托马斯·温勒：罗瑞吉奥教授，从您的观点来看，其实您是希望大家意识到文学在特定的文化和族群背景下所具有的多变性。不过，可能某些族群完全没有"文学"这个概念，那遇到这种情况，我们该怎么办呢？

费尔南多·波亚托斯：很明显，我们的座谈会分成了两个阵营，代表着两种声音，不知是否有人能为我们简单地对比一下呢？我想的最多的，就是文学是否可以作为一项合法的信息来源用于人类学研究。我已明确地指出，只要不忽略某些特定情况下极易发生的风险，避免走不成熟的极端，文学是可以被当作人类学的信息来源使用的。而什么又是特定情况下极易发生的风险呢？这取决于作家是否真正愿意进行"真正的创新"。不过，照我的经验来看，这些风险常常会被丰硕的调查结果和文献资料给通通抵消。

露西·简·波施夏洛： 嗯，我可以试着总结一番。有一部分参会的同僚们认为文学的效用是人类学的信息来源。从这个角度来看，文学的确可以将传统文学作品中有关民族志的资料进行汇集。不过，文学本身并不是我们进行研究的主体，我们要发问的是：第一，文学作品可以给我们哪些客观信息；第二，该如何区分文学作品中的客观信息和主观想象。过去，人们在处理这些问题时，基本上没得出什么结论，都做了无用功。作家，尤其是小说家，并非只是对客观现实进行照搬式写作。真正的情况是，他们对客观现实要么芟荑除繁，要么添砖加瓦，要么就从现实中汲取灵感，进行一番天马行空的创作。由此一来，看一本小说并不能让读者了解真正的人类社会。比如，人们根本就不能通过小说中给的信息了解到德国北部是什么样子。

站在另外一个阵营的同僚们认为，不应把文学跟客观事实画上等号，而应将文学作品当成一个调查对象，因为这么做要更切实可行一点。不论作家有什么个人偏好，文学都是其所属文化的产物。人们阅读文学作品，通常希望能在文本背后找到作者与其他社会成员共同分享的文化代码、文化价值和文化信仰。并且，其他非文学来源的信息也可以对其研究结果进行验证。文学反映作家所处社会的基本情况，即便不是直截了当的，那也是潜移默化的，这一点无可非议。站在这一方的学者们，在对待研究可行性的问题时，比持第一种观点的人显得更为乐观。

我觉得，本次研讨会上之所以会出现两种声音，原因不是学术纪律，而是研究方法。第一阵营的老师们出于实证主义，考虑到现实生活的问题，你们觉得把文学作品当作客观信息太牵强附会了，它充其量只是个附加证据，并且只能和其他材料联合使用。由于作家常常发挥主观想象力，因此会妨碍文学被用于人类学研究。第二阵营的老师们的出发点是文化现实，认为文学完全可以被当作人类学研究的信息来源。你们将文学作品当作调查对象，想要一层一层地揭开文本背后隐藏的文化结构。并且，你们认为研究结果应该和其他人类学研究一样，接受既有事实的验证。不过，对于作者的主观想象，你们没有给予完全的否定。由于作者也是自己所属社会中的一员，就算有主观想象的发挥，也不妨碍作品的研究价值。简言之，第二阵营的老师们把文学当成了和其他文化产物一样的东西。在人类学家眼里，对它们都是来者不拒，照单全收。

费尔南多·波亚托斯：波施夏洛教授，谢谢您精彩的总结。是的，在整个研讨会中，这两个阵营，或两种声音，已表达得非常清楚。尽管在这之前，我就已经明白，一部分同僚倾向于将文学当成调查对象，也就是您说的信息来源（有时，文学恰好就是唯一的信息来源，比如我们回顾不同文化的发展阶段时，文学肯定就是独一无二的信息供应了）。不过，这次的研讨会加深了我对此的印象。其实，大家都已发现，把文学作品当作人类学的信息来源会产生丰硕的研究成果。美中不足的是，我们在发言时喜欢重复前人的观点。在我看来，这一点需要改正。

那么还有没有大家没有谈及的方面呢？我觉得肯定有，因为我们关于文学人类学的讨论还远远没有结束。接下来我们的首要任务，便是对自己的理论和方法进行改良和提炼。因此，请允许我做最后的发言，并且宣布本次研讨会的成功闭幕。首先，我要由衷地感谢诸位对本次文学人类学"奠基座谈会"的贡献，感谢大家的参与和发言。其次，1988 年，第 12 届人类学和民族科学国际大会（International Congress of Anthropological and Ethnological Sciences，ICAES）将会在克罗地亚首都萨格勒布举行，希望到时候我们能再次相会。我对大家表示最诚挚的祝愿，祝愿大家在今后五年里，无论是学术还是生活，都能顺风顺水，硕果累累。

关注创造性个体的人文性与文学性

〔英〕奈吉尔·拉波特 著 王倢婷* 译

摘要： 本文为英国人类学家奈吉尔·拉波特（Nigel Rapport）教授于 1997 年所著《超越性个体：迈向文学与人文的人类学》一书的序言，言简意赅地阐述了该著作的主要观点、立场和方法。作者通过探讨个体对特定社会文化环境有意识和富有创造力的融入，以及个体性与社会科学写作之间的关系，运用包含了方法论的、本体论的、审美的与道德的综合性研究方法，试图书写一种"人文的"社会科学，谨慎批评那些长期以来使个体性遭遇危险和否定的事件与环境。同时，作者试图为社会科学挤压下的人文学科辩护，试图书写一种"人文的"社会科学，从而提出文学与人文的人类学。

关键词： 个体 个体性 创造力 意识 文学

一

本论文集围绕个体性这一主题，探讨个体对特定社会文化环境有意识和富有创造力的融入，以及个体性与社会科学写作之间的关系。本书倾向

---

* 奈吉尔·拉波特，先后于剑桥大学获得人类学学士及硕士学位、曼彻斯特大学获得人类学博士学位，现任英国圣安德鲁斯大学哲学与人类学学院院长、人类学与哲学研究中心主席以及圣安德鲁斯大学大都市研究中心主任等职，是爱丁堡皇家学会成员以及英国皇家人类学学会 Rivers Memorial Medal 勋章获得者。其研究方向包括：社会理论、现象学、身份认同、个体性、意识、文学人类学、叙事学等。本文英文标题："Manifesto: towards a liberal and literary appreciation of the conscious and creative individual"，为奈吉尔·拉波特于 1997 年所著《超越个体：迈向人文人类学与文学人类学》一书的序言，原文出处：Nigel Rapport, *Transcendent Individual: towards a Literary and Liberal anthropology*, Taylor & Francis e – Library, 2003（originally published by Routledge Publishing Company in 1997），Manifesto Page1 – 11。译者简介：王倢婷，四川大学文学与新闻学院博士生，西南财经大学讲师，研究领域为文学人类学。摘要与关键词为译者添加。

于一个反传统的研究立场：社会科学的写作（尤其在社会文化人类学中）充满了对超越性个体的信仰。我们正是要考察个体在被他或她所处的环境社会化或濡化之外，还具有的一种社会科学潜质：个体在无中生有中被塑造，获得意识，得以成人。

一些关键词将在后续讨论中被陈述：个体、个体性、创造力、意识、写作、叙事、话语、形式、意义、表述、个体化、人类学、文学。

本书对个体的研究包含了方法论的、本体论的、审美的与道德的。

最后，本书蕴含了一个道德诉求，即试图书写一种"人文的"社会科学。这一"人文的"社会科学将为个体正名，并谨慎地批评那些长期以来使个体性遭遇危险和否定的事件与环境。同时，本书也为社会科学挤压下的人文理论辩护，尽管这种理论在集体主义全球化、种族主义盛行、地方主义复兴、官僚主义典型化和原教旨主义激进化的时代里显得空洞无力，被认为是政治天真的英美知识阶层的偏见。

本书将采用综合性的研究范式，打破桎梏于人类学、文学、文学批评、文化研究、哲学、心理学和社会学之间的学科樊篱。这种学科的樊篱会将（自由人文主义的）个体肢解，只抽取其中一个重要方面。同样地，本书试图采用多元的路径，将"民族志"（包括我自己对英格兰北部山区Wanet的写作[①]）与"理论"和"分析"并置起来，从而尽可能传递出一种经验上的完满与精准。

人们早已熟知奥斯卡·王尔德的大名，甚至通过他的作品熟识了他的样子。因为他以自认为的社会科学方式进行了足够多的文学书写。[②] 他一生都在抵制那种草率快速进行分类的顽疾，用他的话来说："定义就是设限。"[③] 他反对那种对事物操之过急的本质化或概括性描述，相反认识到多元性里的真实。或者说多元即是真实："真实即是，它的反面亦是真实"[④]，无论这种多元性关乎个人想要表述的作为个体的自身还是他所处的社会。

---

① 译者注：参见本文作者所著 *Diverse World – Views in an English Village*（Edinburgh University Press, 1993。

② 参见 Kiberd, O., "Wilde and the English question", *Times Literary Supplement*, 1994。

③ Wilde, O., *The Picture of Dorian Gray*, Harmondsworth：Penguin, 1954, p. 217.

④ Wilde, O., *Intentions*, London：Methuen, 1913, p. 263.

总而言之，王尔德重申着一种观点，个体生命具有其独立于外部环境的定义，或者说，在外部环境生成之前已被定义，任何草率快速的做法对它都是一种限制。对自身的本质追问就像一个艺术工作，需要通过想象力、知识自觉和游戏来不断创造与再创造。正是通过这一对个体的超越性，人们才得以创造自我与自己的传统。[1]

除此之外，我还有其他学者的重要依据。确切地说，超越个体的想法，即自我通过自身写作的过程重写他周围的社会文化环境，这完全是尼采的观念。尼采认为，个体自我最为核心、客观和固有的本质就是自我创造与自由。这是我认同的观点。同样地，我也赞同尼采对其观点的论证，即一个人只能用审美的方式来了解世界和评判人们的行为。就像艺术和文学作品一样，世界需要阅读和表述才能被生动地掌握和理解。与此同时，世界也像作品一样需要通过截然不同的方式去阐释。自从人们宣告上帝（作为英雄和作家、理论家和分析者）已死，世界就不再只有一个单一的概括的解释（上帝的意志；语言；社会结构；无意识）。事实上，正是个体这种重构的倾向以他自己的方式从本质上驱动着人类生活：一种将自身投身于追寻"应是什么"和"成为什么"的意愿。这种意愿难道不是一种美？个体性本身难道不是一个艺术作品？个体就像一个艺术品一样不断赋予自身生命，也创造了一个同样充满美与艺术性的世界。借用福斯特的话，个体"对我而言是一种神圣的成就"[2]。

在这里有两个看似矛盾的地方。首先，上帝的想法和神圣的超验主义毕竟只是以一个新的名义活着：个体。其次，以尼采存在主义形式开头的论点最终却得出了福斯特自由主义的措辞。对于第一点，个体的超验主义，即"神性"，是情境的、暂时的和唯一的，是行动而不是本质；个体的原创性、创造力和独特性都是"神圣的"，但他们是凡人，是短命的演员。他们的创作是可被观察的，却不是事实的或完整的。个体在他们的行为上可能是"神圣的"、超然的，但在他们所做的事情中，他们只是在他们原创作品的实质上是美丽的。至于第二点，我在其他地方也写过，尼采

---

① Wilde, O. (1910: 15 - 16, 47 - 48).

② Forster, E. M., *Two Cheers for Democracy*, Harmondsworth: Penguin. p. 66.

和福斯特在对生命的人文性关注方面，以及在世界的创造性的责任问题上有类似的看法①。除此之外，我相信在无神世界里如何看待自我与他者的个体性，还应当保持一种相互的尊重以及在自我与他者之间平等的、自由的对话。个体可以是一个个演员，但也不可避免地被环境、被其他的演员们影响和构造。因此，一个人要想认识自己的个体统一性和价值，一个人成为自己的责任，就是要去认识他者，认识这个充满无限多样性的世界的美。这也是从存在主义到自由主义，从尼采到福斯特或约翰·斯图亚特·米勒（John Stuart Mill）所遵循的道路。对米勒而言，社会空间只有尽可能地防止一个行为者阻碍或掠夺另一行为者，个体性才得以存活于其中。

简而言之，本书的讨论集中在超然的个人主体上，尼采将这一自我置于自由人文主义的背景下，福斯特或米勒将其置于社会环境中予以实现。我的目标是以道德的方式将这一个体与他的同伴联系起来。

二

这些文章也将以另一种方式展开。因为它不仅需要我超越学科的区别，还要超越院士和外行之间的不同认识，特别是社会科学家和田野调查中的访谈对象之间的不同认识。"每个人都有成为科学家的权力"，乔治·凯利（George Kelly）曾经提出过一个著名的人文主义心理学建议，"每个主体都是初期的实验者"②。无论是学者还是笨蛋，每个人都有主动性和意识去设计自己的个人系统或心理结构系统，用他的观察标准去解释、面对、绘制和预期即将到来的人和事。通过他的建构，个体得以抵达对其具有确定意义的世界（一个被个体意识建构的世界）。在他的生命过程中（这过程即是他生命），世界的意义会产生、叠加、发展、变化甚至相互驳斥，但最初的那个会得以保留。在这一矛盾变化中，个体最终成为自己建构的世界中的主体，他的主体意识通过对世界的书写成为一种叙事，与这

① Rapport, N. J. , *The Prose and the Passion: Anthropology, Literature and the Writing of EM. Forster*, Manchester: Manchester University Press, 1994, pp. 65 – 66.

② Kelly, G. , *Clinical Psychology and Personality: The Selected Papers of George Kelly* (ed. B. Maher), New York: Wiley, 1969, p. 144.

一世界同时展开。

我在书中主要考察的个体主体既是社会科学家自身，也是他的访谈对象，同时，我还要在人类学资料的起源上考察两者之间的必然关系。此外，我强调社会科学家和访谈对象的意识，观察可能被认为是两者相互关联的互动的惯例状态。我认为社会科学的必要性并不反对在其他人的头脑中思考自己。此外，我讲述有意识的作家，以及作为个体的社会科学家像他的访谈对象一样对社会现实的持续写作。最后，我将把书写作为在"学术"或"非学术"、"现代"或"传统"的社会文化背景之中有意识的表达予以审视。

简而言之，就是将学术的、现代的、科学的与非学术的、传统的、民间的批评并置。

三

我必须强调的是，我所说的个体性并非指个人主义。个人主义作为一个特定的历史文化范畴——是指社会行为者具有与社会约定俗成的"独特的"自主权和自治权，并被赋予尊严和社会价值——这可能是一个变量。我所使用的个体性是一个普遍性的、超越时空限制的存在。

我并不是要去延伸论证那些和集体主义相对立的"个人崇拜"的起源、发展和盛行①，或者去对比各种民主形式②。相反，我要讨论的是个体的普遍性，这里的个体是指社会文化生活中各种媒介、意识、表述和创造力的源泉。每一个个体都拥有一套无形而又有形的感觉制造设备。意识——作

---

① 参见 Macfarlane, A., *The Origins of English Individualism*, Oxford, 1978; Blackwell, The Culture of Capitalism, Oxford: Blackwell, 1989; Dumont, L., *Essays on Individualism*, Modern Ideology in Anthropological Perspective, Chicago: University of Chicago Press, 1985; Morris, B., *Western Conceptions of the Individual*, Oxford: Berg, 1991。

② 参见 Carrithers, M., "An alternative social history of the self", in M. Carrithers, S. Collins and S. Lukes (eds) *The Category of the Person*: Anthropology, Philosophy, History, Cambridge: Cambridge University Press, 1990; Marsella, A., DeVos, G. and Hsu, F. (eds), *Culture and Self*: Asian and Western Perspectives, New York: Tavistock, 1985; Jackson, M. and Karp, I., Personhood and Agency, *The Experience of Self and Other in African Cultures*, Uppsala: Uppsala University Press, 1990。

为"这一独特呈现"(即"人之为人"和"使人成人"中的个体性)的证据——束缚着(或渗透着)每一个个体的身体。①

个人主义的多变性不能被视为个体性的偶然性,因此,人们可能会以某种方式思考那些在"具有决定力量的各种无意识系统"中无自我意识地生活着的人②。相反我认为,过去我们以为的那种没有自我意识和自我批判能力,过着一种不会被他者影响,不能对文化习俗和社会制度进行有意识的阐释的"原始人"是不存在的③;后结构主义者恰恰认为"个体"是一种被历史文化的话语所决定的效果④。

个体性的关键是要着眼于形式与意义。社会生活和文化过程的源泉超越了形式上的表象,超越了公共的、集体的、共同持有的对生活进行分类和标签的一系列文化符号;通过双方合意的实践、语言和其他方式,社会互动得以协商、统筹和进行。超越这些的,恰恰是个体意识。个体意识借助文化符号和社会实践"书写"自己,对它们在人类环境中的持续存在负责;个体意识赋予这些形式以意义和目的。诚然,这种意识也受到形式和实践的限制,通过这些形式和实践,它可以在任何时候表达自己,并希望与自己交流,但个人意识仍然有责任以其自身的"能量"——它的能动性、意图性和意义,来赋予那些形式和实践以生气。并且,它是以一种个人创造性的、特殊的、模棱两可的、情境性的、多元的方式来进行的。

正如个体的内在和外在一样,简而言之,形式和意义在辩证的张力中代表了一种必要的二元论。正如瓦格纳⑤所言,意义是"一种内在的感知";身体内部的形式是"被感知和被了解的",而对"感知和了解"的核心理解和原型正是来源于身体内部。而社会科学的做法倾向于将形式和外在的特权归于社会文化决定论(如果不完全消除与内在的区分,而是将所有结构的、共

---

① Edelman, G., *Bright Air, Brilliant Fire: On the Matter of the Mind*, Harmondsworth: Penguin, 1992, pp. 136 - 139.

② Rabinow, P., *Reflections on Fieldwork in Morocco*, Berkeley: University of California Press, 1977, p. 151.

③ 参见 Shweder, R., *Thinking through Cultures*, Cambridge MA: Harvard University Press. 1991, p. 14。

④ Easthope, D. S. "NB", *The Times Literary Supplement London*, 1995.

⑤ Wagner, R., "Poetics and the recentering of anthropology", in I. Brady (ed.) *Anthropological Poetics*, Savage: Rowman & Little - field, 1991, pp. 38 - 39.

识的、体制的、集体的形式作为一种自在之物来描述的话）。

四

我在本书一开始提到（或支持）的那些个体和自由人文主义者，作为意识的存在、创造力的源泉和意义的担保人，与那些消解的、去中心的、解构的个体演员和作家便形成了对比。后者常出现于涂尔干和社会科学的结构主义与后结构主义流派中，更为重要的是，这一"思想传统"在20世纪的法国发展起来后，以社会学和社会人类学的某些主要流派传入英国学术界。本书正是要通过论证来反对这些学派的观点。因为我无法在他们的描述中找到自己，在他们对他人的"反人文概念"（作为社会结构或社会关系的产物和棋子、意义系统、习惯做法或无意识冲动）中，我无法看见我是何以想象他者的。这些文章有自传的灵感。我把我自己作为衡量标准，作为先例，作为这一个体性课题的范例，并主张任何社会科学家都必须这样做。传记评论只是通过自传的意识而变得微妙而敏感。

在最近的一篇评论中，理查德·赛伯斯（Richard Sieburth）讽刺地指出，目前在法国出版的自传体作品数量大约是19世纪末的25倍。尽管"人物的文学"（la littérature personnelle）被大肆吹嘘已经过时，尽管现在的后结构主义者宣称"作家已死"，帕斯卡（Pascal）对"le moihaïssable"的诋毁——仍是一种至关重要且富有创造性的写作体裁，其质量至少可与法国小说、戏剧或诗歌相媲美。事实上，赛伯斯[①]也认为，两名坚定的反人道主义者——德里达（Derrida）和阿尔都塞（Althusser）的挑衅性自白，是这些文本中最具人性的。

我想讽刺地指出，一个人可以相对容易地反人性地解释（或非人化）他人，同时还希望自己能保持自己的个性（为自己保留相对人道的待遇）；一个人在不了解他者的个人能动性（他们的错误意识、无意识、集体意识）的情况下可以创造出精巧的、优雅的、适应性的模型，而忽略掉自己的创造力（可能性）才是这一模型的建设者——而不是简单地在模型中塑

---

① Sieburth, R., "Narcissus at work", *Times Literary Supplement*, 1993, p. 4775: 10 - 12.

造一个自我。

我还要讽刺地指出，个体自我的能动性和普遍性总是在被表达或完成表达的过程中，无论当时所处怎样的（非个人的）表达体裁或制度类型。然而，个人在传统意义和规范意义上，似乎，无论社会文化条件如何影响个人自我的概念化和出现，个人的行为和他的创造力仍然是社会和文化过程的证据。

五

对于迈克尔·谢林汉姆①来说，当代自传体（法语）写作的特点是它的文本间性。在写作的过程中，在揭示他们生活的凝聚力、他们重要的社会文化背景、他们在当下的浪潮和与未来的延续的过程中，个体作者清楚地从文本和个人遗产的角度来看待他们的写作。因此，正如卢梭宣称他的忏悔比蒙田的忏悔更加准确和真诚，正如司汤达以卢梭的文本为背景，现在德里达也在他的《忏悔录》中创新性地寻求书写所有他者的个人印记。

互文性同样是自传体文章写作的特征。事实上，我认为广义的"文学人类学"是一门社会科学，它刻意保持与任何观点、任何文本的对话，挑衅性地阐明其所审查的主题。我在本书中就反复提及这些文本遗产、个体作者和它们的作品，在这里我必须重申这些名字：前文已经提到的尼采、福斯特和米勒，还有格雷戈里·贝特森（Gregory Bateson）、埃德蒙德·利奇（Edmund Leach）、詹姆斯·费尔南德斯（James Fernandez）、安东尼·科恩（Anthony Cohen）、乔治·斯坦纳（George Steiner）和约翰·伯杰（John Berger）。我对超验个体的看法是通过对他们颇具影响力的作品（焦虑的）阅读而获得的。

的确，在写作过程中，各种各样的作家和文本的启发是显而易见的。但如果要我现阶段指出最鼓舞人心的作家和文本，那么我要指出理查德·罗蒂（Richard Rorty）的《偶然、反讽与团结》。罗蒂所做的是一种大胆的尝试性写作，是对尼采和米勒文本的调和，他将尼采那种自我的、审美的

---

① Sheringham, M., *French Autobiography*, Oxford: Oxford University Press, 1993.

哲学与米勒开化的、自由的哲学结合于个体的生活和实践，从而形成一种个体哲学——即使哲学在实质上是不可通约的，即使"自我创造和人类团结的要求同样有效，却永远不可通约"①。尼采试图提升（并举例说明）个体的完美：一种自我创造的、自主的、个体的人类生活；米勒试图编纂（并灌输）公民社会，使公共机构和实践多些公正，少些野蛮，最终促进个人与自由的相互关系。这两者之间的对应关系是，一个公正和自由的社会允许其公民按照自己的意愿进行自我选择和审美，只要他们不造成伤害，不破坏其他人的机会。罗蒂解释说，从理论上讲，也许没有办法把正义和自我创造的理念结合起来，但是，就个人的日常生活而言，这似乎也没有必要。简单地说，以下是生活哲学工具箱中的两种工具（维特根斯坦可能已经说过）。一个人让我们意识到我们的口齿不清需要成为一个新的人——意识到我们只需要说部落的语言，这样我们就能找到自己的语言，我们就有责任找到它们。而另一个则使我们想起我们的公共机构的失败，我们有责任让别人改进它们。一个人所需要做的就是停止试图用单一的视角来把握生活的各个方面，或者用单一的元词汇来描述它们。

综上所述，显然地，美学和道德、存在主义和自由主义会以不同主题在本书的文章中作为经验相关的表述不断重叠与交织。

六

书中还会重复集中地讨论以下主题：行动与个人身份、行动和叙事、叙事和个体身份、个体身份和世界创造、世界创造和叙述、世界创造和游戏、游戏和创造力、创造力和社会结构、创造力和个体身份、个人身份和道德、道德与自由主义和生物学、生物学和意识、意识和行为、意识和叙事、话语以及社会科学的写作等。

然而，如果这本书是由许多主题交织的系列文章的集合，那么对我来说，这些主题也代表了我在处理同一现象时的不同方式，即对社会文化现

---

① Richard Rorty, *Contingency*, *Irony*, *and Solidarity*, Cambridge: Cambridge University Press, 1992, p. 15.

实的个人书写——即我所讨论的"个体性"。每篇文章会依次关注于作为个体主体在社会生活与社会科学中的创造力、意识、意义、"书写"行为、短暂性、朴素性和道德性，从而能对这一"个体性"做出一个集合式的阐述。

此外，收集的论文并不能全然、整体、详尽地描述他们予以关注的个体主体。当他们接近个体性的"相同现象"时，他们可以保持多元和多样化的表述，以避免共同的命名、单一的基础或笼统的结构，如同个体自我一样①。克利福德·格尔茨②和乔治·马库斯③——作为现代主义晚期和后现代主义早期人类学的代言人——都建议将研究目光从传统的专著转向类似散文的作品，以恰当地传达当代世界的经验。因为这是可观察的，是部分的和多元的。如同尼采所说，这是世界的诸多成分，它们能相互对抗又相互补充，拥有无限的创造力和数量④。

文章可以按照它们出现的顺序阅读，或者作为更离散的片段用其他顺序来阅读。无论读者的顺序如何，总还是有一个论证密度递增的连贯逻辑。每一篇文章都为下一篇文章提供背景。因为，就像我说的，当我在写这些论文时，我感到自己正无限接近我所要讨论的"个体性"这一主题，我总是在个体经验上不断收获，即使使用着一系列不同的术语，它们是个体的，如自由民主、人权、生物整体性、媒介、自我创造、表述、元经验、叙事、社会现实写作、文化符码、话语、社会结构、世界的非人格化、社会科学方法、克里奥尔化、行为、游戏、文学、人类学。

---

① 参见 Rapport N. J. , *Diverse World - Views in an English Village*, Edinburgh：Edinburgh University Press, 1993。

② Clifford Geertz, *Works and Lives. The Anthropologist as Author*, Cambridge：*Polity. Gellner, E. ,* 1959；*Words and Things*, London：Gollancz, 1988, p. 148.

③ Marcus, G. and Fischer, M. , *Anthropology as Cultural Critique：An Experimental Moment in the Human Sciences*, Chicago：University of Chicago Press, 1986, p. 191.

④ Parkin, D. , "Comparison as a search for continuity", in L. Holy (ed.) *Comparative Anthropology*, Oxford：Blackwell, 1987, pp. 64 - 66.

学术评论

医学人类学现象："欧洲疯子"、 "凉山病人"和"美国医生"

李春霞*

摘要：医学人类学在美国兴起，在全球流动。这一流动的理论本身在文化人类学的思想世界里造成了特殊的现象。透过它的眼光和问题，在当下，田野里可以感知到诸如凉山病人和美国医生，向过去，其理论系谱里，可以找到诸如欧洲疯子和非洲蛮子；向未来，可以预感到失控的"后人类"。透过后现代医学民族志《我的凉山兄弟》，观察这一思想现象，本身也是一次民族志的尝试。

关键词：医学人类学 《我的凉山兄弟》 民族志

好的村落总能激发民族志研究者持续不断地思考再思考，有的书正是这样的"思考村落"，不断激发读者思考。美国哥伦比亚大学医学人类学博士、台湾"中央研究院"民族学研究所刘绍华副研究员的《我的凉山兄弟》①就是一本这样的书。近年来反复阅读它，与在村落里田野颇无二致，至今这个以阅读为形式的民族志也还没能结束。但也有迫切谈这一智识田野经验，以及它所激发的不成熟甚至错误思考的热望，这总好过不谈、不思考。所以尽管忐忑也斗胆谈一谈，请大家批评指正。

一 "后社会主义"的"凉山病人"？

《我的凉山兄弟》总令人想：作者为什么大老远从美国来凉山吃苦累

---

* 李春霞，四川大学中国俗文化研究所、四川大学文学与新闻学院教授，研究方向为文化人类学。

① 刘绍华：《我的凉山兄弟：毒品、艾滋与流动青年》，中央编译出版社，2015。Shaohua Liu, *Passage to Manhood*: *Youth Migration*, *Heroin*, *and AIDS in Southwest China*, Stanford: Stanford University Press, 2011.

心？在"结论"开篇作者谈到带领她到凉山来做研究的问题是为什么在一个如此缺乏流动性的偏远僻地，恰恰成为全球流动疾病和毒品的"疫区"？① 这也给"导论"提出的核心问题："为什么诺苏人，尤其是利姆乡的诺苏人，在海洛因和艾滋面前显得特别脆弱"② 加了一个思想注脚。

（一）病/患关系发生的过程："凉山病人"和"美国医生"

如果没有全球化这个视域、思想条件和理论背景，这个从小在台湾都市长大、远在美国大学攻读人类学博士的文弱书生何以要去那个"冷冽荒芜的山区"，一次次陷入目睹"悲剧"而无能为力的"悲伤懊恼"？除开慈善、扶贫这类从外面来帮助凉山的常见思路，能否将其视作作者"成为一名人类学者的成长之路"③，是作者思想成长并自我意识的时刻？换言之，这个研究对象，是作者内在精神与利姆乡诺苏人生活统一的结果。利姆乡诺苏人的双重疾病（艾滋和毒品），是作者内在精神自我实现的客观具象。就是说，作者会"看向"这里，并一定会"看到"这样一个"凉山病人"。只有在这样的条件下，与全球化相去遥远，却又都"正好是"全球流动性负面内容（如艾滋、毒品）受害者的河南农村和四川凉山，才能进入远在纽约"全球精英的学术关注"领域，成为他们学术研究视野里一个具体而恰当的"对象"。

作者最终来到凉山研究或是偶然，但作为一个"翻身奴隶"的后代，笔者也如作者一般无可救药地"看到"：凉山彝族在解放初，以"奴隶社会"的身份参与历史的时刻。不同的是，作者看到的是凉山"被认定为"奴隶社会。因此作者来凉山，也是必然，非偶然，因为凉山更直接地击中了美国学术精英问题意识背后真正的问题："后社会主义。"

笔者认为存在这样一种可能性：真正让作者就凉山生出问题意识的，真正让作者脑中萌生"为什么凉山诺苏在全球流动性中脆弱并受害"这个问题的思想土壤，并非仅仅是全球流动的疾病毒品与缺乏流动的凉山

① 刘绍华：《我的凉山兄弟：毒品、艾滋与流动青年》，中央编译出版社，2015，第255~260页。
② 刘绍华：《我的凉山兄弟：毒品、艾滋与流动青年》，中央编译出版社，2015，第14页。
③ 刘绍华：《我的凉山兄弟：毒品、艾滋与流动青年》，中央编译出版社，2015，第255页。

彝族或全球性与凉山地方性等矛盾的表面现象，更因为在过去"被认定为奴隶社会"的凉山今日之状况，与"社会主义之后"或"后社会主义国家"之间可以顺利地建立起因果关系，[①] 这又能契合美国医学人类学从社会历史里找病根的思路特性（the characteristics of their mode of thinking）。

20 世纪 90 年代冷战格局随苏联解体而去，那双搅动、造就 20 世纪世界的手——"历史"，也即 19 世纪以黑格尔哲学、马克思社会理论为代表的现代思想传统之核心对象——"辩证历史"，不论其主体是精神（geist）还是社会，再次搅动以美国知识分子为代表的现代西方知识生产者的大脑，在大众中表现为普遍拜倒在福山"历史终结论"的"洞见"之下，在知识分子里表现为一系列"后"学（post‐ism）的吸引力和"畅销"，如后结构、后现代、后社会主义等。

凉山彝族的双重疾病，正是这些知识生产者意识中"历史"被抽出、拿走，虚空后才被照亮并涌现的"知识对象"，是这种站在（辩证唯物）"历史"之后、之外的无形（formlessness）中，寻找自己位置的美国学者所能、所必然看到的对象。

（二）美国医生的家谱："欧洲疯子"

看到"凉山病人"后，这部"后社会主义转型的医疗民族志"强调其焦点不是健康或疾病本身，而是造成健康问题的灾难根源，试图理解一个非主流群体的社会、文化、历史变迁中生成其脆弱性的时代过程，并追问其未来何去何从，由此出发：（1）给出了以政治经济为研究首要角度的基础；（2）"紧扣个体、社会和国家等不同层次的政治经济变化"，把问题的问题性从毒品这个表象移开，从艾滋这个并非末路的危机里找到出路，为凉山彝族"翻案"。[②] 走出以上两步后，作者"水到渠成"地提出："凉山病人"的病根在于：（1）中国现代性在两极驱动间转型时不可避免的戏剧

---

① 刘绍华：《我的凉山兄弟：毒品、艾滋与流动青年》，中央编译出版社，2015，第 262、9 页。

② 刘绍华：《我的凉山兄弟：毒品、艾滋与流动青年》，中央编译出版社，2015，第 14 ~ 16 页。

性；（2）在从非市场到市场的过程中，政府自身适应市场逻辑的能力欠缺。诊断后开出的药方是：要提高地方官员的文化识能，建设良性国家和地方关系的能力等，期盼一群具备专业且优秀治理能力的公务员或学者，能在诺苏人烟消云散之前治好"凉山病人"。以上思路，足以让该研究成为践行美国医疗民族志精髓的优秀案例。①

从"凉山病人"和"美国医生"身旁走过，笔者困惑于以下两点。

（1）凉山彝族的双重疾病是如何在作者的"政治经济分析框架"，现代性和全球化的"社会历史"中与马克思主义相关的？既然作者是从"后社会主义"看到的"凉山病人"，那么从大家熟悉的关于凉山彝族的马克思主义研究，②或者站在社会主义初级阶段看出去，也能看到"凉山病人"吗？

（2）被抽去了辩证唯物历史的马克思主义，是怎样的"马克思主义"，是如何成为"后社会主义"学者的思考对象的？或者说，站在辩证历史之外思考历史时，思考者究竟处于怎样的思考经验中？

20世纪法国人类学家好问"野蛮人是如何思考的"，而笔者想问"后社会主义者是如何思考的"。如果把合为一体的思考者（that which is thinks）、思考（thinking）和思考对象（that which been thought）在这部医

---

① 刘绍华：《我的凉山兄弟：毒品、艾滋与流动青年》，中央编译出版社，2015，第267页。
② 就作者提及的两次现代性戏剧进程期间，即中华人民共和国成立到改革开放初期，关于凉山彝族社会性质研究有如下代表作。论文：江应樑：《凉山彝族社会的历史发展》，《云南大学学报》（人文版）1958年第1期；夏康农等：《四川凉山彝族地区民主改前的社会面貌》，《民族研究》1958年第1期；胡庆钧：《论凉山彝族社会的奴隶制度》，《教学与研究》1956年第8、9期合刊，《解放前凉山彝族社会性质研究述评》，《历史研究》1963年第2期；施修霖、陈吉元：《对民主改革前凉山彝族地区社会性质的探讨》，《民族研究》1959年第9期；梁山：《与施修霖、陈吉元两同志商榷关于民主改革前凉山彝族社会经济结构问题》，《民族研究》1960年第6期；束世澂：《论凉山彝族解放前的社会性质》，《新建设》1961年第6期；刘炎：《关于解放前凉山彝族社会性质的几个问题与束世征先生商榷》，《文史哲》1962年第4期；何耀华：《略论彝族奴隶社会的发展阶段》，《思想战线》1979年第2期；周星：《凉山彝族奴隶社会的奴隶配婚制度》，《中国社会科学院研究生院学报》1984年第2期；侯绍庄：《怎样理解奴隶制研究中的一些问题》，《贵州民族研究》1989年第1期；易谋远：《凉山彝族奴隶制时代的等级、阶级和阶层结构新论》，《民族论坛》1989年第1期；潘蛟：《试论凉山彝族社会等级制度的起源》，《中央民族学院学报》1990年第5期。专著：郭沫若：《奴隶制时代》，人民出版社，[1954]1973。马长寿遗著，李绍明整理：《彝族古代史》，上海人民出版社，1987。

学民族志里拆分开来，即美国医学人类学者的主体性、思考模式，及其凉山病人，我们能够看到怎样的现象？

"后社会主义"究竟是医学人类学者主体性的内容，是思考模式的具体形式，还是外在于这二者的一个客观时空条件？这些问题困扰着笔者，若没有弄清楚这一点，凉山病人作为思考对象的客体性（objectivity），就不足以支撑其客观性（objectiveness），可能就是一个智识自欺的幻觉。

二　医学保的是什么命？

医学人类学，差不多是在美国学者所称的"后社会主义"时期在美国兴起并在整个人类学界流行起来的学问，它以"个体化个体"（individualized individual）为出发点和对象，解剖病体并暴露权力。很难否认，"发掘"出古典时期"欧洲疯子"的法国知识考古学家福柯，[①] 不是"美国医生"的祖先，"欧洲疯子"不是美国病人的祖先，他们都是知识和权力共谋下被确诊并医治的"病体"。这种如幽灵般内置在（欧洲和美国）西方疾病、病人生命（life）和存在（being）里的"隐喻"（桑塔格同时是受害者和加害者？），[②] 象征性基因（symbolic DNA），是否也像克里斯蒂娃（Kristiva, J.）要攻击的内置于欧洲文明象征秩序（symbolic order）中的性别压迫，要么不存在，要么就不可能作为单位"一"的完整（女）人而存在？[③] 欧洲和美国的区别虽然很大，但是同为西方，他们的生命和存在有形式上的一体性，可以生同样的"病"。但作为西方他者而存在的他者之一——凉山诺苏，甚至中国人，是否也有（独立于）外在于西方疾病的病，不仅是"他者的病"，也涉及"病的他者"？也就是说，确诊出"凉山病人"，从中解剖并暴露中国现代权力历史这一思考模式，是有自己的"性格"的，这个精神性格在这里以"凉山病人"为具体对象展开和表现，我们是否可以把它看作美国精神在绘制自画像？

---

① 参见〔法〕米歇尔·福柯《古典时代疯狂史》，林志明译，生活·读书·新知三联书店，2005。
② 参见〔法〕苏珊·桑塔格《疾病的隐喻》，程魏译，上海译文出版社，2003。
③ 参见 Kristeva, Julia, *About Chinese Women*, NewYork：UrizenBooks, 1974。

（一）凉山的生命？

作为人类学者，作者也试图用"生命"这一范畴作为其分析的单位，但或出于其所属"生命类型"内在的属性（the innate properties of that kind of the life），或出于这个研究的范围所限，笔者未能在此书中找到深挖凉山诺苏"本土"生命意识（the native consciousness of their own life）的地方。凉山诺苏的生命意识究竟是什么？与"我们"有什么不同？历史在上面打上了什么印记？笔者的困惑未解，尽管书中作者接触凉山诺苏本土生命的"亲密经验"比比皆是。

笔者想从自己成长经历和这些年读书的启示里写一点不着边际的感受，补充于此：或许彝族孩子都有这样的记忆：每逢客来、年节，或大小仪式场合，孩子们都喜欢帮着大人宰猪杀羊；兴奋地抓住待宰牲畜的后腿，睁大眼睛看着鲜血从被锋刃割破的脖颈喷射而出冲进盛着盐水的洋瓷盆里，鲜红地凝结成一片。若是冬日，鲜血和刀刃热气腾腾；接着就是开肠破肚，在一旁眼巴巴等着父母兄长割下滴着血的猪里脊、羊肾、鸡肝放到熊熊燃烧的柴火中炙烤，油珠滋滋作响，等待着那一块块香喷喷的烤肉从火中取出，在左右手里来回倒腾，吃到嘴里咽下肚中也还滚烫着，狗则在腿边急不可耐。这种场合有的是热闹、神秘、庄重、激昂，却鲜有怜悯（那些被宰割的"两条腿"的鸡，"四条腿"的猪、羊、牛。腿的数量是用来判断主人好客级别、客主关系或牺牲重要性）。在这种氛围里长大，对"牺牲"、牛羊、生命这些概念，或会有自己特别的腔调（its own tones of the concepts），就像马林诺斯基西太平洋特洛布里恩岛上的土著、埃文斯－普理查德非洲的努尔人，他们在现代人眼里可能是不道德或不完整的人。

作者自己定位要写一部"生命之书"。开篇写到与"神鬼"和"土匪"的遭遇，并由此开启了一扇进入诺苏农村社区的大门，为读者进入一个陌生的诺苏生活世界铺好了路。① 但遗憾的是，这些鲜活的田野材料并没能把读者也带进诺苏人的生命世界里，如果不是因此只"看到"愚昧、迷信、野蛮、无序的话。

---

① 刘绍华：《我的凉山兄弟：毒品、艾滋与流动青年》，中央编译出版社，2015，第9～10页。

诺苏人自称是生活于鬼神之间的人。比如一个现代医学意义上健康的诺苏人，可能会因为丢失了"魂"而成为需要毕摩或苏尼救治的病人。每个诺苏的魂，都有可能被某家某个鬼诱惑而丢失，必须由苏尼毕摩这样的鬼神代理人带着恰当的牺牲（鸡猪牛羊等）前往赎回。

当"凉山病人"紧随美国医师来到笔者面前时，笔者不仅在他们身后看到了古典时期的"欧洲疯子"，还想到了古希腊蒂迈欧（Timaeus）与苏格拉底的对话，蒂迈欧说，对人类而言，比身体疾病更严重的是灵魂的疾病，而其中最严重的疾病是无知，"无知病人"身体消亡后变为鱼，这才是一次完整的病故。鱼这种生物距离神、善和智慧最遥远，因而是最愚蠢的生物，所以"无知病人"最严重。① 无独有偶，作者所推崇的英国人类学家埃文斯－普理查德在其努尔人三部曲最后一部《努尔人的宗教》里写到，在努尔人看来，疾病和罪（sin）是一样的，身体疾病只是一个人有罪的后果。②

（二）美国的人命？

事实上，医学人类学者往往是这方面的专家，在西方现代疾病医疗观念和实践之外寻找其他的理念和实践，同时把寻找疾病医疗的眼光投向更大更深的社会、文化和历史的肌理中。如有"医学人类学之父"之称的凯博文（Kleinman, A.）于20世纪80年代，在湖南等地研究精神官能症与新中国历史的关系。这条思路由福柯在对欧洲疯子的知识考古中"发掘"、照亮，而后见了天日，成为"现实"。今天，美国医学人类学家们，包括他们的先驱者美国和平工作队（Peace Corps），走在这条路上，意图通过曝光权力和知识的合谋而消除病体和医疗中的权力，犹如把病毒放在阳光下来杀死它们。但是，取消智识历史（to undo the history of knowing）的意图和实践，往往不幸地走向它的对立面，即这种解除（undoing）要么恰恰成为复活/重做，要么把它们所要解除的，以更为极致的方式继续做下去，这是苏格拉底的自嘲（irony），还是黑格尔的辩证（dialectic）？

在美国医学人类学的阳光下，这类精神自画像如泉涌。比如，自称癌

① Plato, *The Works of Plato*, vol. 2. Trans. Thomas Taylor & Floyer Sydenham, The Prometheus Trust, [1996] 2007, pp. 492~494.

② Evans-Pritchard, E. E., *Nuer Religion*, Oxford University Press, 1956, p. 191.

症传的《众病之王》①，印度裔的作者穆克吉认为，某患癌基因的确在服用某基因靶向药后被杀死了，但它或许并非真是为此药所灭，真正的杀手是该患癌基因的另一种状态，药阻断了它延续当下态势，于是它便转入自己的另一种状态，在医学监测报告里，某患癌基因的指标急速下降，于是医生和病人都认为医药生效了。换言之，我们自己的生命"生长性"的展开，表现为基因的活动状态，像一辆刹车良好的汽车，某个时刻当刹车松弛或失灵，生命便进入疯长状态，至一定程度后表现为癌症。癌症，因此也可以被理解为生命本身的某个状态，或是我们天生内置的自源疾病。但这部自称癌症传的《众病之王》更是美国国家生命的肖像画，一本出色的美国国家民族志。癌症作为一种疾病，首先在本质上是一个与美国国家（包括其建国理念，国家机构、政法体系及其运转，大众媒体和公共舆论的生成，个体、组织和国家权利和权力的博弈）一起生成的事实（becoming a fact with this nation）。

若把穆克吉所描述的癌症诞生历史过程放到社会现象中来理解就很直白：在以美国为代表的现代社会里，个体生物生命（biological life）的健康长寿，被一致认定为是人人共同的梦想，因此它的敌人（疾病）不仅是公共政治的主题，也是这种政治的结果。

然而，这种对生命终极目标的"公共化"，在全球化语境下，总是流变为"一般化"，斩断了其他生命理念及其目标的可能性，如作为理念的苏格拉底，作为精神自我意识具体实现的黑格尔，作为历史意识的无产阶级，走向无限为人民服务的人民，再比如弗雷泽的《金枝》里作为部落生命一部分的少女牺牲，② 与牛同等的努尔人，等等。③

在大凉山，长寿而无病的诺苏老人常被认为是不祥的，"前辈不死，晚辈不兴"，所以诺苏人要为健在的长寿老人举办"活送灵"仪式（彝语称为"觉毕且"），提前将其魂灵送往祖灵地。这些透出诺苏生命观不同之

---

① 〔美〕悉达多·穆克吉：《众病之王：癌症传》，李虎译，中信出版集团，2013。
② 参见〔英〕詹姆斯·乔治·弗雷泽《金枝》（下册），徐育新等译，商务印书馆，2013，第五十九章。
③ 参见 Evans - Pritchard, E. E., *The Nuer: A description of the modes of livelihood and political institutions of a Nilotic people.* New York and Oxford: Oxford University Press, ［1940］1976, Chapter. 1。

处的说法早不是新闻,在人类学或民族学现有作品中比比皆是,对彝族研究有所了解的学者更不会陌生。

除了与鬼神共存,那些不惜命或对坐牢不以为耻反以为荣的年轻人("土匪")或许也是促使作者将当地年轻人涉险毒品和艾滋视为其成年礼的特别田野经历。当作者认为政府失败的艾滋防治把艾滋及对艾滋的恐惧和歧视一并内化到诺苏人生命里时,她是否也意识到,医学人类学也把对生物生命死亡的恐惧,对现代法治失范/犯罪的羞耻,连同其现代生命理念一并内化到她为其凉山兄弟所写的"生命之书"里?一首在诺苏年轻人中流行的歌《不要怕》①,是否表达了诺苏生命进入作者所代表的现代生命世界时的心情?

由此推论,在莽莽凉山,牺牲与生命之关系何在?在人与鬼魂之间生存的种种禽牲为什么要成为性命攸关的牺牲(祭品)?又有多少猪鸡牛羊因此下肚?那些流淌的鲜血在毕摩和苏尼的招魂咒语声中会往来于天地之间吗?它们为诺苏人勾画着怎样的世界图景?"我的凉山兄弟"仍然会在那些招魂声中受到感召吗?他们会怎样看待生与死?是否意识到自己如何参与到了新中国瑰丽的历史诗篇而今又长在新时代的腹中?在我们现代个体理解多多少少站在自己的生命观之外的凉山诺苏人和他们的生命观之前,他们的贫穷与疾病,甚或我们的发展与社会科学,都会显得仓惶。他们的生命似乎与众不同,而这种不同究竟该引起我们学者怎样审慎的关注,而不仅仅把如此种种不同视为由经济贫穷带来的社会和身体疾病,视为中国现代化发展过程中的"牺牲",加以同情?读到此处,人们或许会想:也许现代化进程本身就意味着他者生命的牺牲。

三 余论:"非洲蛮子"和美国医学人类学家

(一)"非洲蛮子"

作者在"后社会主义"晚近现代社会时空框架内谈论"凉山病人"及其未来,就这个时空框架建立的理论背景,援引了埃文斯-普理查德《努

① 彝语为"阿杰鲁",彝族音乐人莫西子诗创作,由彝族女歌手吉克隽逸在《中国好声音》总决赛上演唱而走红。

尔人》用亲属关系来确定时空的"时空结构的观点"，① 由此推演类比"晚近现代社会"用市场逻辑来构建供个体追求更好生活的空间，以治理蓝图/目标及其度量制度来定义未来。正是这个埃文斯－普理查德在研究努尔人的过程中皈依了天主教，并以其努尔人三部曲彪炳人类学精神史册。最后一部《努尔人的宗教》描写这群被视为残暴、野蛮的暴民是如何虔诚和富于神性，写这群人是如何生活在第一个男人和最新诞生男婴之间的这段记忆里，在一个内向的（inwards）只有上帝、精灵、牛群和人（努尔人，其他的，比如丁卡人，都不是人）的狭小封闭社会世界里，高贵而虔诚地经受内在的道德和精神，而非外在的自然的一个个危机。②

如果说人类学的精神意义重在在他者的他性中来反观、反思自己，那么三部曲中努尔人的精神意义就远远大于这群尼罗河畔人群的实有现实（actual reality）。当美国学者们把埃文斯－普理查德有关努尔人时空结构的观点抽象为一种一般性的学术分析框架，从我们这个唯一的世界历史中切割出诸如传统、现代、后现代等时空框架时，我们既没有走向努尔人的精神意义，也没有走向我们需要理解和解释的现代、后现代等社会历史现象。犹如科学家有效的科技，既没有让人类的存在更真更善，也没能向我们解释自己投生的这个世界，而只是如魔法师一样用简易性和有效性来迷惑我们，似乎世界尽在人类科学知识的掌握中。蒂迈欧会如何诊断我们这群现代人和我们的巫师——科学家呢？

（二）"美国医生"

美国社会科学，至少在笔者较为熟悉的人类学界，贯以抽空其原有精神的方式借用欧洲思考。如中国读者熟悉的《菊与刀》的作者本尼迪克特（Benedict）在其名作《文化模式》中借用尼采来说明她恩师在印第安人田野中背回的材料时就是这样，在她借用尼采的阿波罗和狄奥尼索斯来说明两种原住民几乎对立的文化人格时，不仅抽出了这两位古希腊神的神格，③ 更删去了尼采抱着马头痛哭的源头："理性人"挥手作别"神性神"走向

---

① 刘绍华：《我的凉山兄弟：毒品、艾滋与流动青年》，中央编译出版社，2015，第21页。
② Evans - Pritchard, E. E., *Nuer Religion*, Oxford: Oxford University Press, 1956, p. 200.
③ 参见〔美〕露丝·本尼迪克特《文化模式》，王炜译，社会科学文献出版社，2009。

现代悲剧之诞生的时刻。而正是这种抽空晒干的简化，使得思考民主化为职业学术，为美国二战后社会科学的学术繁荣铺出一条坦途。

埃文斯－普理查德的努尔人，远非仅仅生活在非洲的现代的野蛮人，对于笔者而言，他们外在于现代，也不限于非洲，或者能在古希腊柏拉图《蒂迈欧篇》的宇宙秩序中找到他们的位置。黑格尔和马克思的现代，在某种意义上不再仰望永恒的造物神（is），而是赋予了发展（becoming）以必然性和真理性，所以真理是历史/世界（社会），反之亦然。结构主义者如列维－斯特劳斯，进而后结构主义的福柯，试图切断历史和理性的内在必然关系，或让感官和智识二元对峙，或让历史干脆栖居在缓慢但偶然熔断的知识大陆板块上任由权力来迎娶。分开过去被现代思想家认为是一体的感官和智识，切断思考和思考对象，乃至思考者的关系，这个结构主义，真的走出"现代"了吗？

列维－斯特劳斯于《野性思维》尾声宣称思而不作的野性思维正在未来等着我们乘着信息科学的快车抵达之后的三十年，[①] 美国互联网文化的代言人凯利欢呼人类应该放手自己于机器人，放手社会和历史于"失控"[②]。这种所谓的"后现代"，在笔者看来，并不是对黑格尔和马克思之发展的直接否定，而是用具体的升级换代（concrete and actual updating）替代了二位颇为形而上的发展，并将这种具体的"发展"绝对化，表达为人和物功能无目的的升级，并将其混淆为"创新"。也可以说，这的确是对黑格尔和马克思绝对发展（历史）的否定，以感官的绝对发展否认智识的绝对发展。每次笔者的思绪飘到这里时，"癌症"这个词就不可避免地冒出来：我们所说的"后现代"，是否只是庸俗化的"现代"，是现代的癌症？

蒂迈欧的疾病是超越人的，在人之外，上面还有上帝、宇宙和诸神，下面还有女人、鸟、走兽、爬行动物和鱼。最严重的疾病是灵魂的，是无知，危及的是栖居在大脑里的人三个灵魂部分中最高级的部分，结果不是死亡，而是生命存在形态的堕落，成为女人、鸟、走兽、爬类，最极致者

---

① Claude Levi－Strauss, *The Savage Mind*, Chicago: Chicago University Press, 1966, p. 268.

② 参见〔美〕凯文·凯利《失控：全人类的最终命运和结局》，张行舟等译，电子工业出版社，2016。

为鱼。什么才是致死之疾？在古希腊和中世纪西方，人的死亡意味着动物的诞生，而人的存在意味着不朽：爱智之魂魂归故里的永恒运动。

方法论上作者认为自己在跟随格尔兹（Geertz），这个提出深描（作为文本的文化）的阐释人类学家。我们的确能在格尔兹巴厘岛人的斗鸡、阿尔及尔人和法国殖民者的故事中读到不同生命存在形式，他们在同一个物理时空中相遇时上演着喜剧，悲壮又酣畅，以至于不得不提出人类学家必须"深描厚写"才能触及他者的文化文本，才能力透纸背。格尔兹厚描的对象是研究对象自己书写的文本（文化），厚描的笔是"阅读"和反思，阐释象征意义。在厚描中，作者与文本、阅读三者为一体。但若拿"欧洲疯子"、"美国病人"及其医疗办法在凉山诊断和治疗出西方的"病人"，那是传教士，而不是人类学家的做法。美国医师对凉山病人的诊治，完成的是自己的文化直觉。我们真诚的作者无法挽救诺苏生命，而是用美国社会科学的理念参与了对诺苏生命观的葬礼。

或许让"非洲蛮子"走出非洲，走出现代的路子，也能让"凉山病人"走出"美国医院"，走向现代，一个中国正在书写的历史。

人工智能与未来人类

——"智能时代的新人文"学术论坛综述

柳广文 *

摘要： AlphaGo 在人类围棋领域取得的骄人战绩，开启了当前学术界对人工智能的热议。在人类智慧诸多领域，人工智能超越了人类，引起了人类的担忧。对未来人类而言，人工智能到底是福音还是灾难？传统的人文伦理是否会被颠覆和重构？未来人类在社会实践中的主体性地位是否会被人工智能取代？这些问题在 2017 年 12 月 20 日电子科技大学数字文化与传媒研究中心举办的"智能时代的新人文"学术论坛上成为讨论的关键点。来自物理学、电子工程、互联网科学的专家学者与人文学科领域的学者展开了跨学科的对话与交流。

关键词： 人工智能　新人文　主体性　大数据

2017 年 12 月 20 日，由电子科技大学数字文化与传媒研究中心主办、四川大学中国多民族文化凝聚与国家认同协同创新中心协办的"智能时代的新人文"学术论坛在电子科技大学清水河校区主楼 8 - 1 会议室召开。来自北京大学、南方科技大学、中国科学院、中国传媒大学、重庆大学、四川大学、四川师范大学、四川美术学院、西南财经大学及电子科技大学的人文学科与物理学、电子工程、互联网科学等领域的专家学者针对当前蓬勃发展的人工智能技术展开了人文视角的讨论，旨在更好地应对数字技术与人工智能快速发展给传统人文学科带来的新挑战和新问题，促进研究数字技术与人文精神的交互趋向。

---

* 柳广文，西北民族大学新闻传播学院讲师，四川大学艺术人类学博士生，研究方向为影视艺术学、艺术人类学。

论坛围绕"智能时代的新人文"主题展开，设三个分议题：数字人文的跨学科研究、媒介数字化——现实社会与虚拟空间、智能时代的艺术和审美。在论坛举办期间，与会学者还应邀参观了位于清水河校区的电子科技大学机器人中心、未来媒体研究中心和大数据研究中心。各中心工作人员对外骨骼机器人、社会机器人的应用及产业化进行了介绍，并通过视频短片展示了大数据在政府管理、经济、卫生等领域的应用情况。

一 人工智能：人类的福音还是灾难？

人工智能是近期学术界关注的焦点之一。在人工智能全面介入人类社会和生活各领域的情况下，理、工、农、医等学科的科学家对其发展做出了技术推进，人文社会科学界也从法律、道德、政治、经济、文化等多个角度就其未来发展、风险和挑战展开了探讨。本次论坛虽然是以"人文"为对话和讨论的着眼点，但也邀请了从事技术研发的理工科专家，跨文理学科的方法让双方相互启发，使人们能够从技术的角度出发去理解人工智能时代的人文。

入选中国科学院物理研究所"百人计划"的重庆大学物理学院刘雳宇教授作了以《智能时代与人文关怀》为主题的发言。刘雳宇教授认为，人工智能关注的对象始终是人的需求，目的是以最懒的方式让人得到最大的欢愉，对于人工智能的态度应该是由人来主导智能时代的发展。在对计算机视觉技术进行简要介绍后，刘雳宇教授提出人类的技术是让人更有尊严地享受生活。最后，他认为商业主导了技术的发展。

电子科技大学互联网科学中心主任周涛教授总结发言时指出，人类掌握了大量的数据，人类面对大数据没有选择的余地。周涛教授继而谈到了数据伦理中的两个问题：表面看起来中立的数据并非中立，由于数据背后权力体系的操控，它终将造成人与人之间的巨大差异；数据具有永久时效，使得在一切数据分析的时代，人曾经的错误将对其一生造成影响，未来人类将战战兢兢地生活。

尽管刘雳宇教授和周涛教授对于智能技术给未来人类生活造成的影响持截然相反的态度，但他们的发言都强调了技术无所不能的潜力。或许，在科技界普遍存在着技术自大的心理，但毋庸置疑，智能技术滚滚向前的潮流是不可逆的，而且我们的生活现在已经从这类技术中获益良多。

二 未来人类：主动抑或被动？

以 AlphaGo 为代表的人工智能开始在人类引以为傲的诸多智力领域大显身手，甚至能够达到人类所达不到的极限。很多学者开始对人工智能感到担忧，对人工智能引起人的主体性地位变化提出争论。例如，在人工智能迅速发展的背景下，就有学者提出要重新思考"人"和"物"的关系，"何以为人，何以为物"①。

本次论坛上，南方科技大学人文部主任陈跃红教授的发言题目为《人工智能的过程伦理》。陈跃红教授从自己由北京大学"转会"南方科技大学的经历开始谈起，就自己对科技的关注以及文学与科技关系的思考进行了说明，并从影视剧、动漫、游戏等产业的创意写作，以及汉语语言学教学和文学的跨学科研究等方面着眼，提出"过程伦理"这一命题，并对其进行了阐释，认为应当深入研究机器背后的算法，人类将会进入一个"算法寡头"的时代。

图1 "智能时代的新人文"学术论坛现场

北京大学高等人文研究院世界宗教与普世伦理中心主任杨煦生教授作了《技术乌托邦及其伦理边界》的主题发言。他对由人工智能科技给人们创造出"完美世界"的构想进行了伦理学的观照和反思，沿着技术－哲学

---

① 何怀宏：《何以为人，人将何为——人工智能的未来挑战》，《探索与争鸣》2017 年第 10 期。

–伦理的进路进行思考，从技艺的哲学源头出发，以乌托邦的理论为基点，结合海德格尔的论述，将西方弥赛亚主义和东方古典人性论对照思考，讨论了技术背景下的人性问题，提出在人工智能时代，是否应该有一个伦理的边界，这个边界应该在哪里？并且认为，技术具有无限可能性，在技术背景下人重新被定义。随后，陈跃红教授进行了回应，认为要以出世的精神讨论入世的问题。

四川大学徐新建教授的发言题目为《智能时代的人文问题》。徐新建教授的发言从智能和智能时代等基本概念开始梳理，对人工智能（Artificialintelligence）和自然智力（Natural intelligence）进行了比较。徐教授的发言具有强烈的问题意识，他认为在智能时代就是要科学地回答人是什么，人应该是什么，人还可能是什么。继而提出了人文（humanity）及其包含的人性、人本、人道三方面内容。最后，徐教授提出的人文问题包括：脑机融合是否意味着对人文传统的否定和颠覆？人工智能是不是物种进化的必然产物？智能时代，人文传统是否被另外的体系所转换？如今是否需要建立以智能为基础的新人文价值？

来自四川美术学院的郭宇副教授作了题为"科幻影视与人类想象力"的发言。他以自己所生活的重庆在城市建设中展现的技术谈起，以《月球旅行记》《终结者2》等影片为例，对人类在电影作品中关于未来的想象力问题进行了说明。谢梅教授评议认为，人类想象力是个古老的话题，提出了人类的裂变和人类的主体性问题。

不论人工智能是对传统伦理的颠覆还是彻底重新定义了"人"这一物种，这两方面的担忧和顾虑实质都折射出人类对自己在未来社会实践中主体性地位的担心。人类由过往对自然强大能力的恐惧转向未来对人工超级能力的恐惧，担心未来机器统治人类，人将丧失人性。其实，我们自认为"人性"的现代人文价值体系的非人性（inhumanity）是更应该值得注意的，而且这种非人性延续到人工智能时代才是真正可怕的事情。正如电子科技大学互联网科学中心主任周涛教授所谈到的数据背后的权力体系，这将会造成人与人之间巨大的差异。而且数据和人工智能背后的经济、政治、意识形态等制度文化将决定哪些人居于主动支配地位，哪些人只有被动接受的分儿。

三　结语

人工智能的发展是解放人类，造福人类，还是威胁到人类的生存？未来人类会是什么样子？这些话题不只是大家当前的一时热议，它将随着人工智能技术的进一步发展继续深入下去。本次"智能时代的新人文"学术论坛虽然规模较小，时间仅有一天，但它仍然将人工智能话题往人类未来面对的人文价值挑战方向推进了一小步，并且以多学科学术背景的专家展开对话方式启发大家从多个维度去认识和思考人工智能和未来人类的关系。当然，关于人工智能的话题，这次论坛取得的结论有限，还有待于日后继续探讨。

另外，围绕"智能时代的新人文"话题，四川大学和电子科技大学分别举办了系列讲座，主讲嘉宾有中山大学教授翟振明、南方科技大学教授陈跃红、重庆大学教授刘雳宇。四川大学 2017 年秋季学期文学与艺术人类学工作坊的硕士生、博士生也积极参加了本次论坛，由此使人类学的教学实践得到课堂外的延伸和田野式的交流。

图书在版编目（CIP）数据

文学人类学研究. 2019 年. 第一辑／徐新建主编
. --北京：社会科学文献出版社，2019.6
ISBN 978 - 7 - 5201 - 5027 - 9

Ⅰ.①文…　Ⅱ.①徐…　Ⅲ.①文化人类学 - 研究
Ⅳ.①C958

中国版本图书馆 CIP 数据核字（2019）第 115519 号

文学人类学研究（2019 年第一辑）

主　　编／徐新建

出 版 人／谢寿光
责任编辑／张倩郢

出　　版／社会科学文献出版社·人文分社（010）59367215
　　　　　地址：北京市北三环中路甲 29 号院华龙大厦　邮编：100029
　　　　　网址：www. ssap. com. cn
发　　行／市场营销中心（010）59367081　59367083
印　　装／三河市龙林印务有限公司

规　　格／开 本：787mm×1092mm　1/16
　　　　　印 张：12　　字 数：184 千字
版　　次／2019 年 6 月第 1 版　2019 年 6 月第 1 次印刷
书　　号／ISBN 978 - 7 - 5201 - 5027 - 9
定　　价／89.00 元

本书如有印装质量问题，请与读者服务中心（010 - 59367028）联系